JN302641

ファイナンスのための
Rプログラミング

― 証券投資理論の実践に向けて ―

大﨑秀一・吉川大介 著

共立出版

はじめに

　ファイナンス理論は数値計算・プログラミング技術の進歩と共に発展してきた．プログラミング技術自体はファイナンス理論とは独立であるが，少なくとも実務におけるファイナンス理論はプログラミング技術なしには成立し得ない．本書は，ファイナンス理論を実際のプログラミングを通して習得することを意図するものである．

　ファイナンス理論が金融実務において応用される範囲は幅広いが，代表的な例としてはデリバティブのプライシング，複雑な金融商品の組成（たとえば仕組債など）や，そういった金融商品に対するリスク管理やヘッジ，あるいは最適ポートフォリオの導出などがある．こうした実務的な要請に対してまず必要なことは，数値計算を高速に行うことである．たとえば，ある金融商品の取引ニーズが顧客から提示されたとき，その取引に対してどのような価格（手数料）を提示すべきかといった問題に対して，適切な回答を迅速に行えない金融機関を顧客は信用しない．あるいは，ある金融商品の価格を「理論的」に導出できたとしても，その価格を計算するのに何日もかかるようではビジネスとして成立しない．また，金融商品のプライシングやヘッジポートフォリオの組成には入手可能な金融データから必要なパラメータを推定する必要があるが，そうした場合に最適化や統計的手法の利用は必須となる．学問的に意義があるような数理ファイナンス上の理論も，プログラミング等を行って具体的な数字を出すことができなければ，まったくの机上の空論になってしまうのだ．このように，ファイナンス理論を実務に応用するという点においてプログラミングは決定的に重要となる．

　それでは，実際にどのような言語を用いてプログラミングをするのか．これにはさまざまなケースが考えられる．たとえば，大規模なシステムを構築する際の計算エンジンとして開発を進める場合であればC++，C#やJavaなどが用いられる場合が多い．また，手元計算のみを行うという場合にはExcel VBAを用いる場合もしばしば見受けられる．

本書ではそうしたさまざまなプログラミング言語がある中で，特にR言語を中心に議論を進める．R言語は所与の金融データに対する回帰分析や統計上のさまざまな検定などを容易に扱えるフリーのアプリケーションである．また，プログラムの構造は基本的にC系なので，その他の言語を知っていればマスターも容易であるし，逆にRをいったんマスターすれば他の言語への応用も比較的容易である．さらに，C++やJavaを用いる場合，初歩的な関数でさえ自分で定義しなければならない場合がしばしばあるが，Rではかなり高度な関数でもパッケージとして入手可能な場合が多い．こういった特徴ゆえ，Rは金融実務における分析や統計分析を手軽に行う際に広く用いられている．

　本書を読み進める上で読者に期待したいことは，実際に自分の手で計算を実行してみるということである．ファイナンスに限ったことではないが，そのベースとなる理論の理解が十分でなくても，自分の手で計算を実行することによって理解が深まるということは多々ある．当然，理論の理解が不十分であれば最初から完璧なプログラムを書くことはできないが，その際はもう一度理論の理解に努めプログラムを修正するという作業を繰り返しながら学べることは多い．本書ではそういった作業の手助けとなるように，分析例やプログラム例を数多く掲載することを心がけた．最初は分からなくても例をコピーし実行することで，少しずつ理解が深まっていくだろう．実際，プログラミングは習うより慣れろという面が強い．本書に掲載したプログラム例が最適というわけではないので，慣れてきたら読者自身が改良したりさらに別の問題へ応用したりすることが期待される．

　本書の執筆にあたっては京都産業大学の岩城秀樹教授，そして日本銀行金融研究所の内田善彦氏に原稿を見ていただき，有益なコメントをいただいた．また共立出版の石井徹也氏には本書のコンセプトや構成を決める上で様々なアドバイスをいただいた．著者達がみずほ第一ファイナンシャルテクノロジー在籍時よりお世話になっている池森俊文一橋大学教授，大崎の恩師である吉田善章東京大学教授，その他，様々な方に支えられて本書を完成させることができた．ここに感謝の意を表したい．もちろん，文中の見解およびありうべき誤りは全て筆者たちに帰せられるものであり，上記した方々や著者たちの過去および現在の所属機関の公式見解ではないことを記しておきたい．

　本書の構成は以下のとおりとなっている．まず第1章では，初学者でもプログラムを体感できるようにRのインストールからプログラムの基礎となる知識について簡単にまとめてある．第2章では金融のさまざまな場面で用いる統計分析を，第3章では時系列解析を，Rによる分析例を挙げながら説明する．第4章では現代ポートフォリオ理論の基礎となるCAPMについて述べる．第5章以降でファイナンス理論のメインテーマともいえるデリバティブのプライシングについてまとめている．第5章でプライシングの基礎となる金利スワップと割引係数の導出法について述べた後，第6章ではツリーモデル，第7章ではBlack-Scholes公式，第8章ではモンテカルロシミュレーション，第9章では偏微分方程式によるデリバティブのプライシング法について説明する．それでは，ファイナンス理論をR言語とともに習得していこう．

2013年9月吉日　　　　　　　　　　　　　　　　　　　　　　　　　　　　　著者

目次

はじめに i

第1章 Rで数値計算   1
  1.1   Rのインストール 1
  1.2   データ構造 5
       1.2.1   スカラー 5
       1.2.2   ベクトル 7
       1.2.3   行列 10
       1.2.4   リスト 13
       1.2.5   データフレーム 15
       1.2.6   データの型，構造を調べる 16
  1.3   関数 18
  1.4   制御文 20
       1.4.1   if文 20
       1.4.2   繰り返し処理（for文，while文）................. 21
  1.5   グラフィクス 23
  1.6   データの書き出し，読み込み 27
  1.7   プログラムの読み込み 28
  1.8   パッケージの導入 30

第2章 Rによる統計分析   33
  2.1   基本統計量 33
  2.2   確率分布と乱数 37
  2.3   仮説検定 37

		2.3.1	仮説検定とは ・・・・・・・・・・・・・・・・・・・・・・・・	37
		2.3.2	母平均の t 検定 ・・・・・・・・・・・・・・・・・・・・	39
	2.4	回帰分析 ・・・・・・・・・・・・・・・・・・・・・・・・・・・・・・・		44
	2.5	主成分分析によるイールドカーブ分析 ・・・・・・・・・・・・・・・・		48
		2.5.1	イールドカーブ ・・・・・・・・・・・・・・・・・・・・・・	48
		2.5.2	主成分分析とは ・・・・・・・・・・・・・・・・・・・・・・	50
		2.5.3	イールドカーブの主成分分析例 ・・・・・・・・・・・・・・	52
		2.5.4	主成分分析の計算法 ・・・・・・・・・・・・・・・・・・・・	57
	2.6	演習問題 ・・・・・・・・・・・・・・・・・・・・・・・・・・・・・・・		59

第3章　R で時系列分析　　61

	3.1	時系列データの準備 ・・・・・・・・・・・・・・・・・・・・・・・・・		61
	3.2	モデルを当てはめる前に ・・・・・・・・・・・・・・・・・・・・・・・		63
	3.3	AR モデルへの当てはめ ・・・・・・・・・・・・・・・・・・・・・・・		65
		3.3.1	残差解析 ・・・・・・・・・・・・・・・・・・・・・・・・・	67
		3.3.2	予測 ・・・・・・・・・・・・・・・・・・・・・・・・・・・	68
	3.4	AR モデル以降 ・・・・・・・・・・・・・・・・・・・・・・・・・・・		72
		3.4.1	ARMA への当てはめ ・・・・・・・・・・・・・・・・・・・	72
		3.4.2	VAR への当てはめ ・・・・・・・・・・・・・・・・・・・・	74
		3.4.3	共和分 ・・・・・・・・・・・・・・・・・・・・・・・・・・	79
	3.5	時系列分析のファイナンスへの応用例：ペアトレーディング ・・・・・		81
	3.6	演習問題 ・・・・・・・・・・・・・・・・・・・・・・・・・・・・・・・		83

第4章　ポートフォリオ理論：CAPM　　85

	4.1	平均–分散ポートフォリオ ・・・・・・・・・・・・・・・・・・・・・・		86
	4.2	市場ポートフォリオ ・・・・・・・・・・・・・・・・・・・・・・・・・		91
	4.3	CAPM の導出 ・・・・・・・・・・・・・・・・・・・・・・・・・・・		93
	4.4	CAPM の拡張：マルチファクターモデル ・・・・・・・・・・・・・・		94
		4.4.1	裁定価格理論 (Arbitrage Pricing Theory) ・・・・・・・・	94
		4.4.2	Fama-French の 3 ファクターモデル ・・・・・・・・・・・	98
	4.5	有効フロンティアの形状 ・・・・・・・・・・・・・・・・・・・・・・		98
	4.6	演習問題 ・・・・・・・・・・・・・・・・・・・・・・・・・・・・・・		100

第5章　金利スワップと割引係数　　101

	5.1	金利スワップとは ・・・・・・・・・・・・・・・・・・・・・・・・・	101
	5.2	金利スワップのプライシングと割引係数の導出 ・・・・・・・・・・・	102
	5.3	金利スワップの評価とリスク分析 ・・・・・・・・・・・・・・・・・	107
	5.4	演習問題 ・・・・・・・・・・・・・・・・・・・・・・・・・・・・・・	110

第6章　ツリーモデル　　111

	6.1	1 期間モデル ・・・・・・・・・・・・・・・・・・・・・・・・・・・	111

		6.1.1	モデルのセットアップ	111
		6.1.2	デリバティブのプライシング	112
		6.1.3	リスク中立測度によるプライシング	116
	6.2	多期間モデル		119
		6.2.1	多期間への一般化	119
		6.2.2	コールオプションのプライシング	121
	6.3	3項モデルについて		124
	6.4	演習問題		126

第7章　Black-Scholes 公式　127

	7.1	収益率の連続化	127
	7.2	伊藤の公式 (Ito's lemma)	130
	7.3	Black-Scholes オプション価格	132
	7.4	インプライドボラティリティ	135
	7.5	演習問題	138

第8章　モンテカルロシミュレーション　139

	8.1	モンテカルロシミュレーションの基本		139
	8.2	分散減少法		142
		8.2.1	対称変量法	142
		8.2.2	モーメントマッチング法	144
	8.3	エキゾチックオプション		145
	8.4	多資産型オプションのPV計算について		148
	8.5	制御変量法		151
	8.6	演習問題		153

第9章　偏微分方程式によるデリバティブプライシング　155

	9.1	陽解法	157
	9.2	陰解法	160
	9.3	演習問題	164

付録A　Rの最適化関数　165

	A.1	多変量最適化問題	165
	A.2	最適化問題としての有効フロンティア	168

付録B　その他のR関連情報について　173

関数索引　175

索　引　177

CHAPTER ONE

Rで数値計算

本書の目的は数値計算用プログラミング言語Rを習得しつつファイナンス理論を学んでいくことである．しかし，ファイナンス理論を学ぶ前にまず手元でRを動かせる環境を構築する必要がある．そこで，最初にRのインストールの仕方から順次基本的な操作方法を学ぶことで，効率的に学習を進めていきたい．本章で学ぶRの使用方法はごく基本的な事柄であるが，いったん基礎的な技術をおさえてしまえば，後の学習は非常に容易になる．プログラミングに慣れた読者は本章をとばして次章から進めてもらってもよいだろう．

1.1 Rのインストール

最初にRのインストールから始めよう．基本的に必要なファイル，パッケージ等はCRAN projectサイトへアクセスすることで入手可能である（図1.1）．

```
http://www.r-project.org/index.html
```

Rの入手方法は，まず当該ページのホーム画面の "Getting Started" 枠にある "download R" という文字をクリックする（2013年8月現在）ことである．すると，図1.2の画面に遷移する．適当なミラーサイトを選択しよう（ここでは，Japanの "Hyogo University of Teacher Education" を選択する）．

次は，図1.3の画面が現れるだろう．この画面にある "Download and Install R" 枠の下から "Download R for Windows" をクリックする[†1]．すると，図1.4の画面に遷移する．ここで，"base" もしくは "install R for the first time." とある個所をクリッ

[†1] ここではWindowsの場合について説明するが，MacやLinuxの場合もそれぞれ指示に従いインストールし，ほぼ同様に使用することができる．

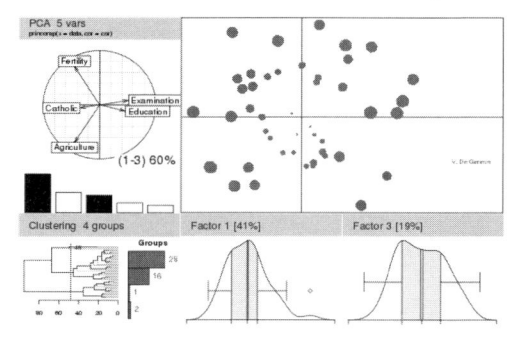

図 1.1 "The R Project for Statistical Computing" 画面の "Getting Started" 枠にある "download R" という文字をクリックする．

図 1.2 適当なミラーサイトを選択する．

クする．次に現れる画面（図 1.5）で，"Download R 3.0.1 for Windows" をクリックすれば "R-3.0.1-win.exe" ファイルが入手できる（3.0.1 はバージョン名である）．後は，入手した exe ファイルを展開することで容易にインストールすることができる．

さて，早速 R を起動してみよう．Windows 系であれば，デスクトップに起動ショートカットが生成されるはずなので，これをクリックして起動する．もちろん，スタートメニューから R を選択して起動してもよい．図 1.6 のような画面が立ち上がるはず

図 1.3 "The Comprehensive R Archive Network" 画面にて "Download and Install R" 枠の下から "Download R for Windows" をクリックする．

図 1.4 "R for Windows" 画面にて，"base" もしくは "install R for the first time." とある個所をクリックする．

だ．終了するときは，図 1.6 のコンソール画面で q () と入力することで終了できる．または，"ファイル"メニューから"終了"を選んでもよい．図 1.7 のようなオプションが現れるだろう．ここでは作業スペースは保存しないで終了する．

以下で具体的なプログラム例に入っていくが，次の点に注意されたい．

- コメント文：#で始まる行はコメント文として扱われ，プログラムとしては処理されない．
- #が行の途中にあると，それ以降の記述はコメント文として扱われプログラムとしては処理されない．
- 計算結果をファイルに書き出したり，逆に外部ファイルを読み込んだりする，あるいは既に作成したプログラムを読み込むことがあるだろう（それらのやり方

図 1.5 "R-3.0.1 for Windows" 画面にて，"Download R 3.0.1 for Windows" をクリックすれば "R-3.0.1-win.exe" ファイルが入手できる．

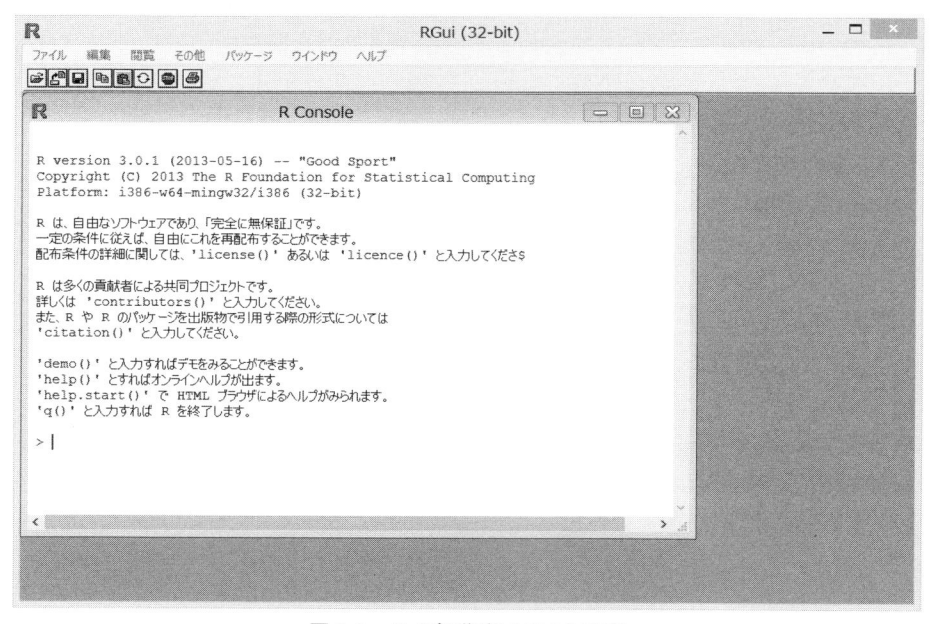

図 1.6 R の起動時における画面

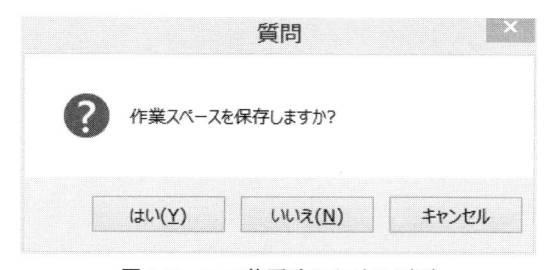

図 1.7 R の終了時における画面

については後述).そうしたファイルを置いておく作業ディレクトリを指定することができる("ファイル"メニューから"ディレクトリの変更"を選び,適当なディレクトリを選んでいただきたい).

1.2 データ構造

Rは次のようなデータ構造をもち,その違いを意識することなく使用することができる.

- スカラー
- ベクトル
- 行列
- リスト
- データフレーム

C言語にあるような,intやdoubleなどのデータ型を気にする必要はなく,状況に応じて適切な型変換がほぼ自動的に行われる[†2].変数名は自由に決めることができる(とはいえ,pi, sin, logなどデフォルトで定義されているものは使用しないほうがよい).

1.2.1 スカラー

スカラーとして扱われるものには,数値,複素数,文字列,論理値などがある.上述したとおり,いずれも特に定義することなく使用することができる.早速だが,Rのコンソール画面に以下のように記述し,変数xに数値4を代入してみよう.

```
>x <- 4
>x #xを出力する
[1] 4
```

変数への代入には"="も使用可能だが,伝統的にRでは"<-"を用いることが多いので,本書では一貫して"<-"を用いることにする.

基本的な四則演算も特に意識することなくできる.

```
>y <- -3.2 #yに-3.2を代入する
>x+y #xとyの加算を行う
[1] 0.8

>x^10 #xの累乗を計算する
[1] 1048576
```

[†2] 変数型にはほかにファクター型があるが,使用することは少ないので本書では扱わない.

```
> x^100
[1] 1.606938e+60
> x^1000
[1] Inf
> #Inf は無限大 (infinity) を意味する
```

複素数を定義するときは "i" の直前に数値を書けばよい．

```
> 1i
[1] 0+1i
> 0i
[1] 0+0i
> i
エラー： オブジェクト "i" がありません
```

上のメッセージから i だけでは複素数とみなされないことがわかる．

```
> 1+2i
[1] 1+2i
> (1+2i) * (2+1i)
[1] 0+5i
```

シングルクオーテーション ' やダブルクオーテーション " でくくられた文字は一つの文字列と見なされる．

```
> y <- "character" #y に文字列"character"を代入する
> y
[1] "character"
> z <- "pasted" #z に文字列"pasted"を代入する
> y+z
 以下にエラー y + z ：  二項演算子の引数が数値ではありません
```

文字列はそれ自体としては加算できない．しかし関数 paste() を用いれば文字列の結合ができる．

```
> paste (y,z)
[1] "character pasted"
> paste (z,y)
[1] "pasted character"
```

以下のようにして，二つの文字列を空白なしで接続することもできる．

```
> paste (y,z,sep="")
[1] "characterpasted"
```

"sep" は separator（区切り文字）の意．デフォルトは空白である．ここでは空文字を指定して，二つの文字列を空白なしで接続している．""の中をたとえば，","で指定してやれば，以下のようになる．

```
> paste (y,z,sep=",")
[1] "character,pasted"
```

論理値も扱うことができる．論理値は真と偽との二つの値からなるが，真は T，TRUE などで，偽は F，FALSE などと記述することで表現できる．

```
> T
[1] TRUE
> FALSE
[1] FALSE
> false   #小文字では論理値と認識されない
  エラー：  オブジェクト "false" は存在しません
> TRUE
[1] TRUE
```

さて，簡単な計算の練習をしてから次の節にいこう．

問． 次の 1 から 3 の演算を R で行え．

1. $(3 \times 4 + 3.5)/3.3$
2. $(1 + 3i) \times (3 + 3i)$
3. 'My'+'name'+'is'+'（自分の名前）'

解答例．

```
> (3*4+3.5)/3.3
[1] 4.69697
> (1+3i)*(3+3i)
[1] -6+12i
paste ('My','name','is','Taro')
[1] "My name is Taro"
```

1.2.2 ベクトル

ベクトルはスカラーの集合により表され，関数 c ( ) を用いて生成される．

```
> x <- c (0,1,2,3,4)
> x
[1] 0 1 2 3 4
> y <- c ("tokyo","kyoto")
```

```
> y
[1] "tokyo" "kyoto"
> x[2]  #ベクトルの2番目の要素を取り出す
[1] 1
> y[1]  #ベクトルの1番目の要素を取り出す
[1] "tokyo"
> x[c(1,3,5)]  #xの1,3,5番目の要素をまとめて取り出す
[1] 0 2 4
```

次に，ベクトルの掛け算を行う．ただし，ベクトルの積は内積ではなく，各要素の積が返されることに注意されたい．

```
> x <- c(1,2,3)
> y <- c(3,4,1)
> x*y
[1] 3 8 3
```

このように内積が返ってこないことに最初は不便を感じるかもしれないが，Rを使っているうちにさまざまな局面で利便性を感じるだろう．次に，次元の異なるベクトルの掛け算を試してみよう．

```
> y <- c(3,4,1,1)
> x*y
[1] 3 8 3 1
Warning message:
In x * y :
    長いオブジェクトの長さが短いオブジェクトの長さの倍数になっていません
```

ベクトルの積をとるときは，次元をそろえる必要があるのだ．

```
> y <- c(3,4,1)  #yを3次元ベクトルで定義しなおす
> x*y
[1] 3 8 3
```

内積を計算する．これには%*%を用いる(あるいは，関数sum()を用いてsum(x*y)としてもよい)．

```
> x%*%y
     [,1]
[1,]   14
```

関数seq()を使えば以下のようにベクトルを生成することが可能である．

```
> x <- seq(0,3,by=0.5)  #0から3まで0.5刻みの数列を作る
> x
```

```
[1] 0.0 0.5 1.0 1.5 2.0 2.5 3.0
> y <- seq (0,3,length=5) #0から3まで長さ（要素数）5の数列を作る
> y
[1] 0.00 0.75 1.50 2.25 3.00
> z <- 1:10 #1から10まで1刻みの数列を作る
> z
[1]  1  2  3  4  5  6  7  8  9 10
> z <- 10:1 #10から1まで1刻みの逆順の数列を作る
> z
[1] 10  9  8  7  6  5  4  3  2  1
> z[3:8] #zの3番目から8番目までの数列を取り出す
[1] 8 7 6 5 4 3
```

関数 rep() を用いれば繰り返し数列を生成できる．

```
> z <- rep (1,8) #1を8回繰り返す
> z
[1] 1 1 1 1 1 1 1 1
> y <- rep (c(1,2,3),3) # (1,2,3)を3回繰り返す
> y
[1] 1 2 3 1 2 3 1 2 3
> z <- rep (c(1,2,3),each=3) # (1,2,3)の各要素を3回繰り返す
> z
[1] 1 1 1 2 2 2 3 3 3
```

その他，以下のような操作も可能である．

```
> x <- seq (0,2,by=0.3) #0から2まで0.3刻みの数列をつくる
> x
[1] 0.0 0.3 0.6 0.9 1.2 1.5 1.8
> length (x) #ベクトルxの長さ（次元）
[1] 7
> y <- 2:5 #2から5までの整数列をつくる
> y
[1] 2 3 4 5
> z <- c (x,y) #ベクトルをつなげる
> z
 [1] 0.0 0.3 0.6 0.9 1.2 1.5 1.8 2.0 3.0 4.0 5.0
> rev (z) #ベクトルを反転する
 [1] 5.0 4.0 3.0 2.0 1.8 1.5 1.2 0.9 0.6 0.3 0.0
```

好みもあるが，筆者の経験上 rep () や seq ()，length () は便利であり，使う機会も多い．簡単な関数ではあるが，しっかり覚えてほしい．

1.2.3 行列

行列を作る方法は二つある．一つは matrix () 関数を用いること．もう一つは複数のベクトル，あるいは行列を結合することである．

まず適当に作った要素から matrix () を用いて行列を生成する練習をしてみよう．

```
>x <- 1:8 #行列の要素xを1から8までの数列で生成する
> x
[1] 1 2 3 4 5 6 7 8

> y <- matrix (x,2,4) #2行4列の行列をxの要素から生成する
> y
     [,1] [,2] [,3] [,4]
[1,]    1    3    5    7
[2,]    2    4    6    8
> y <- matrix (x,4,2) #4行2列の行列を生成する
> y
     [,1] [,2]
[1,]    1    5
[2,]    2    6
[3,]    3    7
[4,]    4    8
> y <- matrix (x,3,2) #要素数と整合性のない行数，列数の組合せを指定する
Warning message:
In matrix (x, 3, 2) :
  データ長 [8] が行数 [3] を整数で割った，もしくは掛けた値ではない
> y <- matrix (x,2,5)
Warning message:
In matrix (x, 2, 5) :
  データ長 [8] が列数 [5] を整数で割った，もしくは掛けた値ではない
```

上の例からわかるとおり，行数と列数の積がちょうど要素数に合致するように行数と列数を指定する必要がある．

次はベクトルを結合して行列を作ってみよう．

```
> x <- 1:4
> y <- 5:8
```

```
> cbind (x,y) #列 (column) ベクトルとして結合する
     x y
[1,] 1 5
[2,] 2 6
[3,] 3 7
[4,] 4 8
> rbind (x,y) #行 (row) ベクトルとして結合する
  [,1] [,2] [,3] [,4]
x   1    2    3    4
y   5    6    7    8
> rbind (x,y,x) #行ベクトルを 3 行結合してみる
  [,1] [,2] [,3] [,4]
x   1    2    3    4
y   5    6    7    8
x   1    2    3    4
>
> cbind (matrix (x,2,2),matrix (y,2,2)) #行列同士も結合できる
     [,1] [,2] [,3] [,4]
[1,]   1    3    5    7
[2,]   2    4    6    8
> rbind (matrix (x,2,2),matrix (y,2,2))
     [,1] [,2]
[1,]   1    3
[2,]   2    4
[3,]   5    7
[4,]   6    8
```

対角行列は diag () で追加できる.

```
> diag (c(1,2,3)) #対角行列を生成する
     [,1] [,2] [,3]
[1,]   1    0    0
[2,]   0    2    0
[3,]   0    0    3
> diag (rep (1,3)) #単位行列を生成する
     [,1] [,2] [,3]
[1,]   1    0    0
[2,]   0    1    0
[3,]   0    0    1
```

次は，作った行列から要素や，行，列などを取り出したり，あるいはその行列の行

数や列数などを調べてみよう．

```
> x <- matrix (seq (1,15,by=2),2,4)
> x
     [,1] [,2] [,3] [,4]
[1,]    1    5    9   13
[2,]    3    7   11   15
> x[2,3] #2行3列を取り出す
[1] 11
> x[2,] #2行目を取り出す
[1]  3  7 11 15
> x[,3] #3列目を取り出す
[1] 9 11
> dim (x) #行列の行数，列数を調べる
[1] 2 4
> nrow (x) #行数を調べる
[1] 2
> ncol (x) #列数を調べる
[1] 4
```

行列の積の計算を行ってみよう．まず，行列を適当に作ってみる．

```
> mat <- rbind (c(1,0.2,0.3),c (0.2,1,0.5),c (0.3,0.5,1))
> mat
     [,1] [,2] [,3]
[1,]  1.0  0.2  0.3
[2,]  0.2  1.0  0.5
[3,]  0.3  0.5  1.0
```

次に，ベクトルを作る．

```
> x <- c (1,0.4,0.3)
> x
[1] 1.0 0.4 0.3
```

まずは普通に積のコマンド*を用いて掛け算してみる．

```
> mat*x #各行ベクトルごとに，各要素ごとの掛け算が出力される
     [,1] [,2] [,3]
[1,] 1.00 0.20  0.3
[2,] 0.08 0.40  0.2
[3,] 0.09 0.15  0.3
```

次に，%*% を用いて行列とベクトルの内積を計算してみよう．

```
> mat %*% x
     [,1]
[1,] 1.17
[2,] 0.75
[3,] 0.80
```

%*% を使えば，行列の積（内積）も簡単に計算できる．

```
> y <- c (2,0.5,1.3);z<-c (1,5,0.2)
> #ベクトル y, z を生成する．また ; はプログラムの一区切りを示す．
> xyz<-cbind (x,y,z)
> #ベクトル x,y,z を列ベクトルとして結合して行列を生成する
> xyz
       x   y   z
[1,] 1.0 2.0 1.0
[2,] 0.4 0.5 5.0
[3,] 0.3 1.3 0.2
> mat%*%xyz #行列 mat と行列 xyz の内積をとる
        x    y    z
[1,] 1.17 2.49 2.06
[2,] 0.75 1.55 5.30
[3,] 0.80 2.15 3.00
```

1.2.4 リスト

リストはベクトルや行列の集合であり，文字通りさまざまな項目のリストである．リストは関数 list () を用いて生成できる．リストに含まれる項目の型は特に決まっていない．たとえば，数値のベクトルと文字列のベクトルを同時に含むことなども可能である．

```
> #month,price,brand の三つの項目からなるリストを生成する
> equity <- list (month=c (1,2,3),price=c (100,300,240),brand="muji")
> equity #equity の中身を表示
$month
[1] 1 2 3

$price
[1] 100 300 240

$brand
[1] "muji"
```

```
> equity$month #equityからmonthを取り出す
[1] 1 2 3
> equity$price #equityからpriceを取り出す
[1] 100 300 240
> equity$price[3] #equityのpriceの3番目の項目を取り出す
[1] 240
> equity[[3]] #equityの3番目の項目を取り出す
[1] "muji"
> equity[[2]] #equityの2番目の項目を取り出す
[1] 100 300 240
```

listの項目名を後からつけることもできる．

```
> equity <- list (c(1,2,3),c(300,200,400),"muji") #適当にリストを生成
> equity
[[1]]
[1] 1 2 3

[[2]]
[1] 300 200 400

[[3]]
[1] "muji"

> names (equity) <- c ("month","price","brand")
> #リストの項目に名前をつける
> equity
$month
[1] 1 2 3

$price
[1] 300 200 400

$brand
[1] "muji"

> names (equity) #namesコマンドで"equity"がもつ項目名を表示する
[1] "month" "price" "brand"
> names (equity) [3] <- "firm" #equityの3番目の項目の名前を変更する
> names (equity)
```

```
[1] "month" "price" "firm"
> equity
$month
[1] 1 2 3

$price
[1] 300 200 400

$firm
[1] "muji"
> equity$month #取り出した要素が数値ならば，ベクトルとして抽出される
[1] 1 2 3
> equity$month*3 #実際，左のような演算ができる
[1] 3 6 9

> equity$month*c(3,2,3) #ほかにも左のように積を計算することや
[1] 3 4 9
> equity$month%*%c(3,2,3) #ベクトルの内積なども計算できる
[1] 16
> equity$month[3]*c(3,2,3) #ベクトルの要素を抽出して計算
[1] 9 6 9
```

1.2.5 データフレーム

データフレームはリストの一種である．ただし，各項目のもつ要素数の構造が同じ（行数，列数が同じベクトルや次元数が等しい行列など）場合のみ生成できる．

```
> equity <- list(month=c(1,2,3),price=c(430,400,100),deal=c(1,4,10))
> equity
$month
[1] 1 2 3

$price
[1] 430 400 100

$deal
[1]  1  4 10

> market <- data.frame(equity)
> market #リストとは違った出力形式に注意
```

```
     month price deal
1      1    430    1
2      2    400    4
3      3    100   10
> market$price #priceの項目を取り出す
[1] 430 400 100
> market[2,] #2行目を取り出す
  month price deal
2     2   400    4
```

リスト同様に，各行列の名前を変更できる．

```
> rownames (market) #各行の名前を取り出す
[1] "1" "2" "3"
> rownames (market) <- c ("Jan","Feb","Mar") #各行の名前を変更する
> rownames (market)
[1] "Jan" "Feb" "Mar"
> colnames (market) #各列の名前を取り出す
[1] "month" "price" "deal"
> colnames (market) <- c ("tsuki","kakaku","torihiki")
> #各列の名前を変更する
> market #各行，各列の名前を変更後のデータフレームを表示する
    tsuki kakaku torihiki
Jan     1    430        1
Feb     2    400        4
Mar     3    100       10
```

1.2.6 データの型，構造を調べる

データが数値型か文字列か複素数か論理値かを調べよう．

```
> x <- 1
> is.numeric (x) #xが数値型か調べる
[1] TRUE
> mode (x) #xの型を調べる
[1] "numeric"
> x <- "foo"
> is.numeric (x)
[1] FALSE
> #数値型ではなく文字列なのでFALSEが返ってくる
> mode (x)  #mode ()で型を調べたら文字列であることが確認できる
```

```
[1] "character"
> x <- 2+4i
> is.complex (x) #複素数かどうか調べる
[1] TRUE
> is.numeric (x)
[1] FALSE
> mode (x)
[1] "complex"
> x <- c (T,F) #論理値からなるベクトルを生成する
> mode (x)
[1] "logical"
> x <- c ("foo",3) #文字列と数値からなるベクトルを生成し，
> mode (x) #型を調べる
[1] "character"
```

この例からわかるように，ベクトルの型を調べる場合，要素のもつ優先順位によって判定が異なる．優先順位は

```
character > complex > numeric > logical
```

である．念のため，これを確かめよう．

```
> x <- c (3+4i,"foo") #複素数と文字列からなるベクトルを生成し，
> mode (x) #型を調べる
[1] "character"
> x <- c (3+4i,3) #複素数と数値型からなるベクトルを生成し，
> mode (x) #型を調べる
[1] "complex"
> x <- c (3+4i,TRUE) #複素数と論理値からなるベクトルを生成し，
> mode (x) #型を調べる
[1] "complex"
```

データの構造，すなわちベクトル，行列，リストあるいはデータフレームかを調べることもできる．

```
> x <- 1
> is.vector (x)
[1] TRUE
> #これはスカラーとベクトルの区別がないためである．
> x <- c (4,2,1)
> is.vector (x)
[1] TRUE
> x <- matrix (x,1,3)
```

```
> is.matrix (x)
[1] TRUE
> is.vector (x)
[1] FALSE
> x <- list (c(34,3,19),c ("foo","kaa"))
> is.list (x)
[1] TRUE
> is.data.frame (x)
[1] FALSE
> x <- data.frame (c(1,2,3),c (10,8,9))
> is.data.frame (x)
[1] TRUE
```

1.3 関数

　ここからは関数を作成し，より本格的なプログラミングを行っていこう．関数を定義するにはfunction () 用いる．基本的な構造はシンプルで，"関数名"<-function () {}とし，丸括弧内に引数を，そして波括弧内に実際の計算内容を記述していくだけである．例を見ながら理解を深めよう．

```
> #半径rの円周を計算する関数
> enshu <- function (r) {
+ s <- 2*pi*r  #円周を計算し，sに代入する
+ return (s)   #sを計算結果として返す
+ }
> enshu (1)    #半径1の円周を計算する
[1] 6.283185
> enshu (c(1,3,2)) #引数にベクトルを指定することもできる
[1]  6.283185 18.849556 12.566371
> enshu (matrix (c(3,1,3,2),2,2)) #引数に行列を指定することもできる

         [,1]     [,2]
[1,] 18.849556 18.84956
[2,]  6.283185 12.56637
> enshu (3+3i) #複素数に対しても計算できる
[1] 18.84956+18.84956i
> enshu (TRUE) #真理値はTRUEは1，FALSEは0で解釈される
[1] 6.283185
> enshu (FALSE)
```

```
[1] 0
> enshu ("foo") #文字列に対しては計算できない
 以下にエラー 2 * pi * r :  二項演算子の引数が数値ではありません
```

ただし，文字列に対して関数が定義できないわけではない．以下のように文字列に対応する演算が含まれていれば，引数に文字列をとる関数をつくることも可能である．

```
> moji <- function (x) {
+ y <- paste (x,"goo")
+ return (y)
+ }
> moji ("ha")
[1] "ha goo"
> moji (3)
[1] "3 goo"
```

多変量関数を定義することもできる．

```
> multi <- function (x,y) {
+ z=x^2+y
+ return (z)
+ }
> multi (1,2)
[1] 3
> multi (c(1,1),c (2,1)) #引数にベクトルをとることができる
[1] 3 2
> a <- matrix (c(3,2,1,0),2,2)
> b <- matrix (c(5,1,4,1),2,2)
> multi (a,b) #引数に行列をとることもできる
     [,1] [,2]
[1,]   14    5
[2,]    5    1
```

問． 円周同様に円の面積を計算する関数を R でつくれ．

解答例．

```
> menseki <- function (r) {
+   return (pi*r^2)
+ }
> menseki (3) #半径 3 の円の面積を計算してみる
[1] 28.27433
```

1.4 制御文

if, for, while といった制御文を用いることで，より複雑なプログラミングが可能になる．

1.4.1 if文

if 文の書式は以下のとおりである．

- if（条件式）式1
- if（条件式）式1 else 式2
- if（条件式）式1 else if（条件式）式2
- if（条件式）式1 else if（条件式）式2 else 式3

条件文に関しては特に言えることだが，実際に手を動かしてみなければ，使い方が実感できないことが多い．早速練習して理解を深めよう．

ごく単純な例だが，ある変数 x が "enshu" ならば半径3の円周を計算する，というプログラムを書いてみよう．if 文で等しいかどうかの条件判定には比較演算子 "==" を用いる．また，等しくない場合は "!="，大小関係の比較には ">"，">=" や "<"，"<=" を用いる．

```
> r <- 3 #半径3をrに代入する
> x <- "enshu" #文字列"enshu"を代入する
> if(x=="enshu") #xが"enshu"ならば，
+ {
+ z <-2*pi*r #zに円周を代入する
+ }
> z #zに円周が代入されているか確認する
[1] 18.84956
```

続けて，x が "enshu" ならば円周を計算し，"enshu" でないならば円の面積を計算するプログラムを書いてみる．

```
> x <- "menseki" #文字列を"menseki"に変更する
> if(x=="enshu")
+ {
+ z <- 2*pi*r
+ }else{ #xが"enshu"でなければ，
+ z <- pi*r^2 #円の面積を計算する
+ }
> z
```

```
[1] 28.2733
```

最後にxが"enshu"ならば円周を計算し，"menseki"ならば円の面積を計算し，"enshu"でも"menseki"でもなければ球の体積と表面積を計算するプログラムを書いてみる．

```
> x<-"kyu"  #文字列を"kyu"に変更する
> if(x=="enshu")
+ {
+ z <- 2*pi*r
+ }else if(x=="menseki")
+ {
+ z <- pi*r^2
+ }else{
+ z<-c(4/3*pi*r^3,4*pi*r^2)
+ }
> z
[1] 113.0973, 113.0973
```

if文を使う機会は非常に多いが，特に関数の中で用いられることが多い．例として，入力値が奇数かどうかを判定する関数を作成してみよう．

```
> is.odd <- function (n) {
+ if (n%%2==1) { #"%%"は'n'を'2'で割った余りを返す演算子
+ return (TRUE)
+ }else{
+ return (FALSE)
+ }
+ }
>
> is.odd (4)
[1] FALSE
> is.odd (5)
[1] TRUE
```

1.4.2 繰り返し処理（for文，while文）

繰り返し処理を行うためにはfor文やwhile文が使われる．最初にfor文の使い方をプログラミングを例に見ていこう．以下は1からnまでの整数の積を計算するプログラムである．

```
> acc <- function (n) {
+ tmp <- 1
+ for (i in 1:n) { #iが1からnまで波括弧で囲まれた処理を繰り返す
+ tmp <- tmp*i
+ }
+ return (tmp)
+ }
>
> acc (3)
[1] 6
> acc (0)
[1] 0
```

上の例では1からnまでの整数の積を計算したが，$0! = 1$をうまく表現できていないので$n!$の計算には一歩足りない（もちろん，その他の$n = 1, \cdots$に対してはうまくできている）．そこで，これをwhile文を用いて修正してみよう．while文もfor文同様に繰り返し処理を行うための命令文だが，繰り返しの条件の記述の仕方が異なる．習うよりも慣れろの心で，これも実際のプログラミング例を見ていこう．

```
> acc <- function (n) {
+ tmp <- 1
+ i <- 1
+ while (i<=n) { #iがnに達するまで{}内の処理が繰り返される
+ tmp <- tmp*i
+ i <- i+1
+ #この処理を入れないと，iは永久にnに達することがなく，計算が終わらない
+ }
+ return (tmp)
+ }
>
> acc (3) #1から3までの積算，つまり3!を行う
[1] 6
> acc (0) #0!を計算する
[1] 1
```

もちろんif文で$n!$を定義することもできる．

```
> acc <- function (n) {
+ if (n==0) {
+ return (1)
+ }else{
+ tmp <- 1
```

```
+ for (i in 1:n) {
+ tmp <- tmp*i
+ }
+ return (tmp)
+ }
+ }
> acc (3)
[1] 6
> acc (0)
[1] 1
```

問. for 文と while 文を使って 1 から n までの数の和を計算する関数を作れ.
解答例.

```
> sum_1 <- function (n) { #for 文を使って 1 から n までの整数の和を計算
+ tmp <- 0
+ for (i in 1:n) {
+   tmp <- tmp+i
+ }
+ return (tmp)
+ }
>
> sum_2 <- function (n) { #while 文を使って 1 から n までの整数の和を計算
+ tmp <- 0
+ i <- 1
+ while (i<=n) {
+   tmp <- tmp+i
+   i <- i+1
+ }
+ return (tmp)
+ }
> sum_1 (10)
[1] 55
> sum_2 (10)
[1] 55
```

1.5 グラフィクス

計算した結果を図にすることで分析に深みを与えることや, 新しい発見があることもあるだろう. 特に TeX を使用して文書作成する読者にとって, 美しい eps ファイ

ルを作成することは重要である．Rではこれらの処理も容易に行うことができる．具体的には，関数 plot () を用いることでグラフィクスを生成することができる．早速，練習してみよう（図 1.8）．

```
> x <- rnorm (10) #標準正規分布に従う乱数を発生
> x
 [1]  0.7302735 -0.1882252  1.4182550  1.2019941 -0.1035633 -0.2118845
 [7] -0.9757165  0.4706806 -0.3631229  0.1423258
> plot (x) #生成した正規乱数をグラフィクス表示する
```

別の乱数 y を生成し，先ほどの x と組み合わせ，x を横軸，y を縦軸としてプロットを行う（図 1.9）．

```
> y <- rnorm (10)
> y
 [1] -0.298982857 -0.575151480  0.024575434 -0.228436208 -0.366599052
 [6]  0.947573281  0.004954547  0.122904751  0.063580063  0.657186341
> plot (x,y)
```

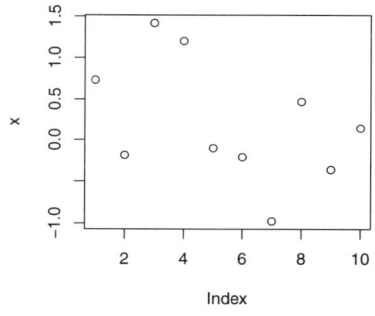

図 1.8 生成した乱数 x をプロット．　　**図 1.9** 生成した乱数 (x, y) をプロット．

次は 2 次関数をプロットしてみよう（図 1.10，図 1.11）．

```
> x <- seq (0,5,by=0.2) #0 から 5 までの 0.2 刻みの数列を生成する
> y <- 2*x^2-5*x #生成した数列に対する 2 次関数値の数列を生成する
> plot (x,y,type="l") #横軸を x，縦軸を y にした 2 次関数を線で引く
> plot (x,y,type="p") #上と同じ曲線を点で引く
```

関数を引数としてプロットすることもできる（図 1.12）．

```
> plot (log,0,10) #0 から 10 を定義域として対数関数をプロットする
```

ここでは関数 log () を用いたが，ほかにも指数関数 exp () や三角関数 sin ()，cos () などの基本的な関数は標準装備されている．各自，試していただきたい．

一つのグラフに線または点で関数を書き足したり，色を変えることもできる（図 1.13）．

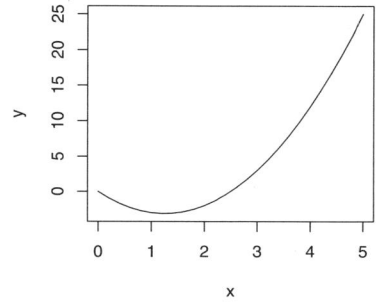

図 1.10 2 次関数 $y = 2x^2 - 5x$ を線でプロットする．

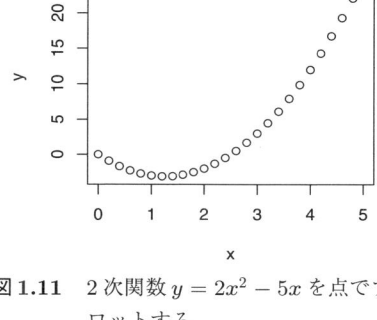

図 1.11 2 次関数 $y = 2x^2 - 5x$ を点でプロットする．

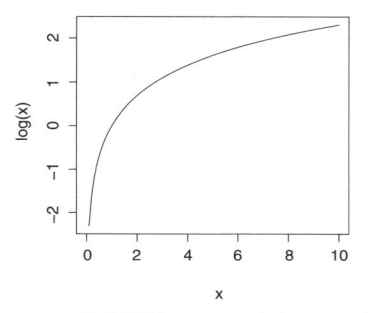

図 1.12 対数関数 $y = \ln x$ を $[0, 10]$ の範囲でプロットする．

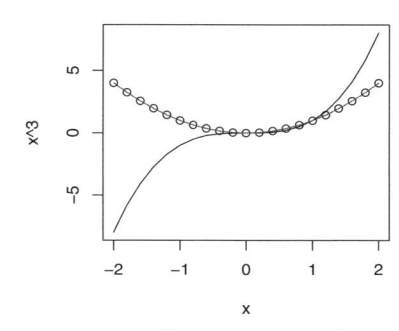

図 1.13 $y = x^3$ をプロットした後，$y = x^2$ を点と線で描き加えたもの．

```
> x <- seq (-2,2,by=0.2)
> plot (x,x^3,type="l") # type="l" で線分によるプロットを指定する
> points (x,x^2) #f (x) =x^2を点で書き足す
> lines (x,x^2) #同じ関数を線で書き足す
> lines (x,x^2,col="red") #colで色を変えることもできる
```

ヒストグラムを作成することもできる（図 1.14）．ヒストグラムを作成するには

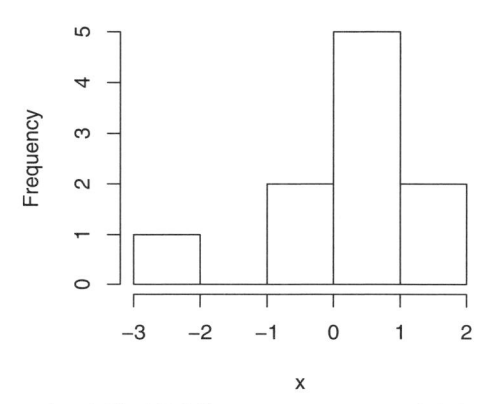

図 1.14 10 個の標準正規乱数 x からヒストグラムを生成したもの．

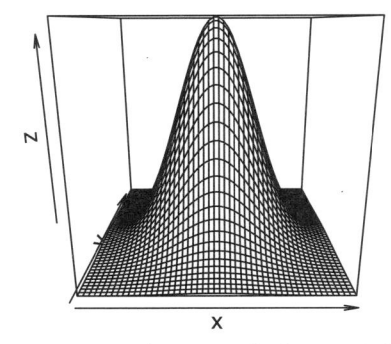

図 1.15 $z = \left(\frac{1}{\sqrt{2\pi}}e^{-\frac{1}{2}x^2}\right)\left(\frac{1}{\sqrt{2\pi}}e^{-\frac{1}{2}y^2}\right)$ をプロットした 3 次元図.

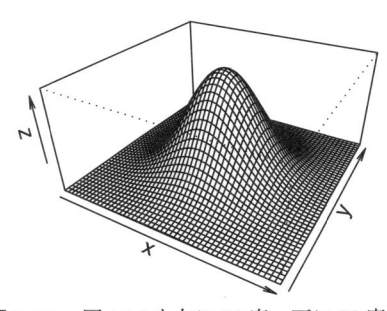

図 1.16 図 1.16 を左に 30 度, 下に 30 度回転, 高さを 0.5 倍にする.

hist () を用いる.

```
> x <- rnorm (10)
> x
 [1]  0.14014847  0.30668242 -0.04048592  1.14572728  0.04641089 -2.19358425
 [7]  1.60702083 -0.69335697  0.03175236  0.55567949
> hist (x)
```

3 次元の図を描くこともできる (図 1.15). ただし, このときは plot () ではなく persp () を用いて俯瞰図を作成する.

```
> x <- seq (-3,3,length=50) # x軸の定義域を設定
> y <- seq (-3,3,length=50) # y軸の定義域を設定
> gauss3d <- function (x,y) {dnorm (x) *dnorm (y) }
> #dnormは標準正規密度関数
> z <- outer (x,y,gauss3d)
> #x,yを引数とするgauss3dのアウトプット値がzに格納される
> persp (x,y,z) #関数perspは (x,y,z)の俯瞰図を生成する
```

さらに, 以下のようにすれば俯瞰図の見せ方も調整できる (図 1.16).

```
> persp (x,y,z,theta=30,phi=30,expand=0.5)
> #先ほどの俯瞰図を左に30度, 下向きに30度回転させ, 高さを0.5倍に縮小
```

また, 2 次元図と同様に "col" オプションで色を変えることもできる. たとえば以下のように指定すれば, 俯瞰図の色はライトブルーに変わる.

```
> persp (x,y,z,theta=30,phi=30,expand=0.5,col="lightblue") #色を変える
```

図を複数開く場合は以下のようにする.

```
> windows ()
```

この状態でプロットをすると, 新しく生成されたウィンドウにグラフがプロットされ

る．このグラフを保持したまま，別のグラフをプロットしたい場合は再度

```
> windows ()
```

と打ち込み，新たにウィンドウを生成すればよい．

最後にRで作成した図をepsファイルとして出力してみよう．

```
> dev.copy2eps (file="fig.eps")
> #fig.eps という名前のeps ファイルを（作業フォルダに）生成する
```

あるいは，Rのウィンドウ上で，生成された図を右クリックして"ポストスクリプトに保存"を選択し，"ファイル名.eps"として保存することもできる．また，pdfファイルを作成したい場合には以下のようにする．

```
> pdf (file="bar.pdf")
> #bar.pdf という名前のpdf ファイルを生成するようにセットアップする
> plot (1:10,rep (5,10),xlab="x",ylab="y")
> plot (1:10,20:11,xlab="x",ylab="y")
> plot (1:10,exp (1:10),xlab="x",ylab="y")
> dev.off () #ファイルをクローズする
```

bar.pdfファイルには三つのグラフが収められる．

1.6　データの書き出し，読み込み

計算結果などのデータをファイルに書き出してみよう．また，逆にファイルからデータを読み込んでみよう．ファイルへの書き込みは関数 write.table ()，write.csv ()，読み込みは関数 read.table () または read.csv () を用いる．

```
> mat
     [,1] [,2] [,3]
[1,]  1.0  0.2  0.3
[2,]  0.2  1.0  0.5
[3,]  0.3  0.5  1.0
> write.table (mat,"matrix.txt")
> write.csv (mat,"matrix.csv")
```

作業ディレクトリ上に"matrix.txt"と"matrix.csv"の二つファイルができているのが確認できるだろう．逆に，このファイルを読み込んでみよう．読み込みは以下のように行う．

```
> Rmatrix <- read.table ("matrix.txt")
> Rmatrix
```

```
   V1  V2  V3
1 1.0 0.2 0.3
2 0.2 1.0 0.5
3 0.3 0.5 1.0
> read.csv ("matrix.csv")
   V1  V2  V3
1 1.0 0.2 0.3
2 0.2 1.0 0.5
3 0.3 0.5 1.0
```

1.7　プログラムの読み込み

　短いプログラムを実行する場合には問題ないが，長いプログラムを繰り返し実行したり，すでに書いたプログラムを後から修正して再度実行したい場合も多くあるだろう．このような場合，プログラムを記述し，別途保存しておく．そして，必要に応じて，このプログラムを呼び出して，実行や修正を行う．

　Rの"ファイル"メニューから"新しいスクリプト"を選ぶと図1.17のような画面が現れる．

図1.17　スクリプト画面

ここに，以下のようなプログラムを書いてみよう．

```
x <- seq (-pi,pi,by=0.1)
y <- sin (x)
plot (x,y,type="l")
```

書き終えたプログラムは「プログラム名」.rとして保存しておく．"ファイル"メニューから"保存"または"別名で保存"を選び，.rファイルを保存できる．再度作業するときには，保存したスクリプトを"ファイル"メニューから"スクリプトを開く"を選択することで呼び出し，編集を行っていくとよい．ここでは"program.r"としてプログラムを保存しよう．

次に，関数source()でプログラムを呼び出すことができるので，コンソール画面で実行してみよう．

```
> source ("c:\\作業ディレクトリ\\program.r")
```

ただし，すでに作業ディレクトリに移動している場合は

```
> source ("program.r")
```

でよい．

想定通りの計算が行われたことを各自確認していただきたい．あるいは，"ファイル"メニューから"スクリプトを開く"を選択し，"program.r"を呼び出した上で，"編集"メニューから"全て実行する"を選択してもよい．

ただし，コンソール上でプログラムを組む場合と違い，スクリプト上にプログラムを記述する場合は，改行について少し気をつけていただきたい．たとえば，'3 + 4' といった演算をする意図で以下のようなプログラムを組んだとしよう．

```
a<-3
+4
```

この場合，Rの内部では，変数'a'に3を代入する，というところで一区切りの演算が終了したと判断され，次行の'+4'は「+4の値を出力する」という意味でしか解釈されない．実際，このスクリプトを実行してみると，以下のようになる．

```
> a<-3
> +4
[1] 4
```

コンソール上で変数'a'を呼び出してみよう．

```
> a
[1] 3
```

こうして変数'a'には3という値が格納されているのが確認できる．このような事態を避けるためには，演算の途中だとはっきりわかる形の個所で改行すればよい．そうしておけば，Rは「どこで演算が終了するのか」を探しに行く．たとえば，以下のようなプログラムを組んでみよう．

```
a<-3+ #3に何を加えるのか，この行からだけではわからない
4 #ここで3に4を加えるのだということがわかる
```

これを実行すると，以下のような結果が出力される．

```
> a<-3+
+ 4
```

コンソール上で 'a' を呼び出してみよう．

```
> a
[1] 7
```

確かに3+4=7が変数 'a' に格納されていることが確認できる．以上の点は少し細かい話ではあるが，基本的には1行ごとに一区切りの意味をもたせるようにプログラムを記述していくようにすれば問題ない．1行のプログラムが長くなりすぎ，どうしても演算の途中で改行したい場合のみ，改行時に演算がまだ続いているとことがはっきりわかるように工夫をすれば間違えることはないだろう．

1.8 パッケージの導入

R単体でもかなりの計算ができるが，パッケージを導入することでより複雑な計算が可能になる．パッケージの導入はインストールと同様にウェブブラウザーを用いてCRAN projectサイトへアクセスし，必要なパッケージをダウンロードする方法と，RのGUI画面から行う方法の二つがある．われわれはすでにRのGUI画面を導入しており，操作もより簡便なので，ここではGUI画面から行う方法を選択しよう．

1. RのGUI画面で "パッケージ" メニューから "パッケージのインストール" をクリックする．
2. 図1.18のようなパッケージをダウンロードするミラーサイトの場所が羅列された画面が現れるので，インストール時と同様，どこか適当な場所を選択する．
3. 図1.19のようにダウンロード可能なパッケージ名が羅列された画面が現れる．ここでは，第3章で用いる "tseries" パッケージを選択し，OKをクリックしてみよう．ダウンロードが開始されるだろう．
4. 使用する際は，"パッケージ" メニューから "パッケージの読み込み" を選ぶと，図1.20が立ち上がる．そこから "tseries" を選択しクリックすると，当該パッケージ内にある関数が使えるようになる．あるいは，コンソール画面で，

```
> library (tseries)
```

としてもよい．

これで，パッケージ内にある関数が使えるようになる．他のパッケージの場合も同様である．Rはパッケージの豊富さも "売り" の一つである．さまざまなパッケージを必要に応じて活用していくことでプログラムの幅は大きく広がるだろう．

さて，以上でRの一通りの使い方は学んだことになる．次章からRを使いながら

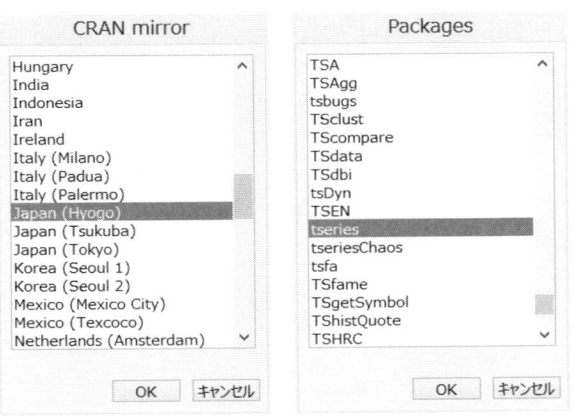

図 1.18　ミラーサイトの選択画面

図 1.19　ダウンロードするパッケージの選択画面

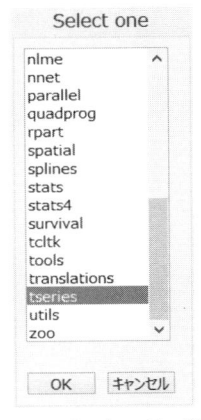

図 1.20　パッケージの読み込み画面

ファイナンス理論を学んでいこう．

CHAPTER TWO

Rによる統計分析

ファイナンス理論の理解や資本市場データの分析を行う上で統計的手法は欠かせない．統計分析の詳細を述べることは本書の目的ではないが，本章ではRを用いた統計分析について簡単にまとめる．さらに，ファイナンスの分野で最も使われる分析手法の一つである回帰分析の行い方について説明した後，主成分分析を用いたイールドカーブの分析についてRプログラムによる例を挙げながら説明する．主成分分析はこのほかにも，株価の分類やスタイル別投資への応用，価格変動パターンの抽出などファイナンス実務でも適用範囲が広いため，回帰分析と同様にぜひマスターしてほしい分析手法の一つである．

2.1　基本統計量

統計の概念として，まずある母集団が存在しその平均 μ や分散 σ^2 をある限られたデータ（これを標本と呼ぶ）から推計することが求められる[†1]．ファイナンスの場合，明確な母集団が存在しない場合も多々あるが，ある確率分布を想定しそれを母集団とみなして分析を行う．

データセット（観測値） $x_1, x_2, \cdots, x_n$ が与えられたときに，標本平均 $\bar{x}$，標本分散 $\hat{s}^2$ は以下のように計算される[†2]．

$$\bar{x} = \frac{1}{n}(x_1 + x_2 + \cdots + x_n) = \frac{1}{n}\sum_{i=1}^{n} x_i$$

[†1] たとえば，テレビの視聴率や選挙の出口調査などがそれである．母集団全体の分布結果を適当に抽出された一部の標本から推計するのである．

[†2] 不偏分散を標本分散と呼ぶ文献もあるが，ここでは n で割ったものを標本分散，$n-1$ で割ったものを不偏分散と呼ぶ．

$$\hat{s}^2 = \frac{1}{n}\sum_{i=1}^{n}(x_i - \bar{x})^2 = \overline{x^2} - \bar{x}^2$$

ここで，分散の平方根 $\hat{s}$ は標本標準偏差である．R では平均，分散などを次のように計算することができる．

```
> x <- seq (1,10) #適当なデータセットを用意
> mean (x) #平均をスカラーで返す
[1] 5.5
> ave (x) #平均をベクトルで返す
 [1] 5.5 5.5 5.5 5.5 5.5 5.5 5.5 5.5 5.5 5.5
> mean ((x-ave (x))^2) #標本分散
[1] 8.25
> mean (x^2) - (mean (x))^2 #(2乗の平均)-(平均の2乗)
[1] 8.25
```

また，R には分散，標準偏差を計算する var ()，sd () という関数がそれぞれ用意されているが，これらは次式で定義される不偏分散 s^2，不偏標準偏差 s を計算する関数である．

$$s^2 = \frac{1}{n-1}\sum_{i=1}^{n}(x_i - \bar{x})^2$$

不偏分散，不偏標準偏差は n で割る代わりに $n-1$ で割って定義される．標本分散は母集団の分散 σ^2 よりも若干小さくなることが知られているが，不偏分散の期待値は σ^2 に等しくなる（後述）．

```
> var (x) #不偏分散
[1] 9.166667
> var (x) *9/10 # (n-1) /n 倍すると標本分散を得る
[1] 8.25
> sd (x) #不偏標準偏差
[1] 3.027650
> sqrt (var (x))
[1] 3.027650
```

ただし，ファイナンスで用いるデータは多くの場合データ数 n が大きいため，標本分散と不偏分散に数値上の大きな違いが生じることは少ない．しかし，なぜ不偏分散が $n-1$ で割る必要があるのかについて以下で簡単に説明する．これは自由度にかかわる問題である．それを理解するために，まず統計を学ぶ上で必ず知っておかなくてはならない大数の法則と中心極限定理を紹介する．

大数の法則： 標本のサイズ n を大きくしていくと，標本平均 $\bar{x}$ が母集団平均 μ から離れる確率はゼロに近づく．

中心極限定理： 標本のサイズnを大きくしていくと，母集団分布に関係なく標準化した標本平均$\frac{\bar{x}-\mu}{\sqrt{\sigma^2/n}}$の確率分布は標準正規分布に分布収束する．したがって，nが十分大きいとき標本平均$\bar{x}$は平均μ，分散σ^2/nの正規分布に近づく[†3]．

実際，標本平均$\bar{x}$の期待値や分散は次のように計算される．

$$\mathbb{E}(\bar{x}) = \mathbb{E}\left[\frac{1}{n}(x_1 + x_2 + \cdots + x_n)\right]$$

$$= \frac{1}{n}\left[\mathbb{E}(x_1) + \mathbb{E}(x_2) + \cdots + \mathbb{E}(x_n)\right] = \mu$$

$$\mathrm{Var}(\bar{x}) = \mathrm{Var}\left[\frac{1}{n}(x_1 + x_2 + \cdots + x_n)\right]$$

$$= \frac{1}{n^2}\left[\mathrm{Var}(x_1) + \mathrm{Var}(x_2) + \cdots + \mathrm{Var}(x_n)\right] = \frac{\sigma^2}{n}$$

ただし，ここで標本データx_iは独立かつ同一の確率分布 (i.i.d.; independently and identically distributed) に従うものとし，$\mathbb{E}(x_i) = \mu, \mathrm{Var}(x_i) = \sigma^2$を用いた．

また，大数の法則は以下のように確かめることができる．

```
> mean (rnorm (10))
[1] 0.1094647
> mean (rnorm (100))
[1] -0.0943789
> mean (rnorm (1000))
[1] -0.04676734
> mean (rnorm (10000))
[1] 0.0008186049
```

ここでrnorm()は標準正規分布に従う乱数を発生する関数である[†4]．乱数のため，試行するたびに結果の値は変わるが，標本サイズを増やしていくと母関数の平均0に近づいていることがわかる．中心極限定理は以下のような関数を作成し，

```
Center <- function (n) {
x <- rep (0,10000) #10000次元のベクトルを用意する
for (i in 1:10000) {
   x[i] <- mean (rnorm (n)) #標本サイズnの乱数の平均を10000個計算
}
return (var (x))
}
```

[†3] たとえ，母集団が正規分布でなくても，標本数を十分に大きくとれば，標準化した標本平均の分布が標準正規分布に近づいていくという中心極限定理は，現実に観測される分布を正規分布で近似することに理論的な基礎づけを与えている．

[†4] rnorm (n,m,s) で平均m，標準偏差sに従う乱数をn個発生する．rnorm (n) = rnorm (n,0,1)．

実行すると，

```
> Center (10)
[1] 0.09919644
> Center (100)
[1] 0.00991062
> Center (1000)
[1] 0.0009896516
> Center (10000)
[1] 0.0001004920
```

標本サイズを $n = 10 \to 100 \to 1000 \to 10000$ と増やすにつれて，標本平均の分散が $1/n = 1/10 \to 1/100 \to 1/1000 \to 1/10000$ のオーダーで減少していることが確かめられる．上の例では正規乱数を用いたが，他の分布でも同様のことが確かめられる．

さて，本題に戻り不偏分散についてであるが，

$$\mathbb{E}\left[\sum_{i=1}^{n}(x_i - \bar{x})^2\right] = \sum_{i=1}^{n}\mathbb{E}\left[(x_i - \mu)^2\right] - n\mathbb{E}\left[(\bar{x} - \mu)^2\right]$$

$$= \sum_{i=1}^{n}\mathrm{Var}(x_i) - n\mathrm{Var}(\bar{x}) = n\sigma^2 - n\frac{\sigma^2}{n}$$

$$= (n-1)\sigma^2$$

と計算されるため[†5]，不偏分散の期待値が母集団の分散 σ^2 に一致することがわかる．つまり標本平均 $\bar{x}$ は母関数の平均 μ から乖離しており，その分散が $\mathrm{Var}(\bar{x}) = \sigma^2/n$ であるため，$n-1$ で割っているのである．

そのほかにも，Rには以下のようなさまざまな基本統計量を求める関数が用意されている．

```
> x <- seq (1,10)
> max (x) #最大値
[1] 10
> min (x) #最小値
[1] 1
> median (x) #中央値
[1] 5.5
> sum (x) #総和
```

[†5] 以下の関係を使用．

$$\sum_{i=1}^{n}(x_i - \bar{x})^2 = \sum[(x_i - \mu) - (\bar{x} - \mu)]^2 = \sum(x_i - \mu)^2 - 2(\bar{x} - \mu)\sum(x_i - \mu) + n(\bar{x} - \mu)^2$$

$$= \sum(x_i - \mu)^2 - 2(\bar{x} - \mu)(n\bar{x} - n\mu) + n(\bar{x} - \mu)^2 = \sum(x_i - \mu)^2 - n(\bar{x} - \mu)^2$$

```
[1] 55
> quantile (x) #クォンタイル点
   0%   25%   50%   75%  100%
 1.00  3.25  5.50  7.75 10.00
```

2.2 確率分布と乱数

　もうすでに正規分布，正規乱数などについては使用してきたが，R にはさまざまな確率分布の確率密度関数，累積分布関数，乱数などを取り扱う関数が用意されている．確率分布名が aaa である分布の確率密度関数は daaa (x)，累積分布関数は paaa (x)，乱数は raaa (n) などと表される．たとえば，標準正規分布の確率密度関数と累積分布関数を描いてみよう（図 2.1，図 2.2）．

```
> x <- seq (-4,4,b=0.1) #b=0.1 は by=0.1 と同じ作用をもつ
> plot (x,dnorm (x),"l") #確率密度関数のプロット
> plot (x,pnorm (x),"l") #累積分布関数のプロット
```

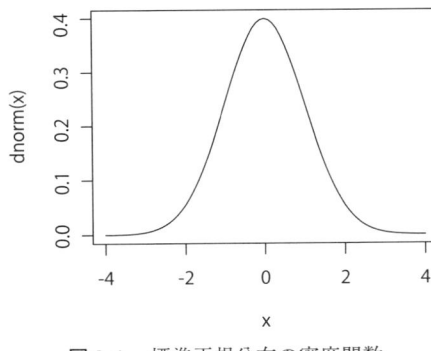

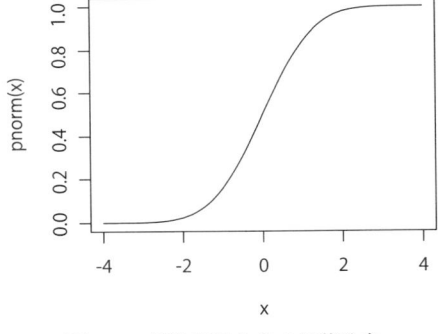

図 2.1 標準正規分布の密度関数　　**図 2.2** 標準正規分布の累積分布

　R では正規分布以外にも，さまざまな確率分布を取り扱うことができる．たとえば，対数正規分布 (lnorm)，ポアソン分布 (pois)，ガンマ分布 (gamma)，二項分布 (binorm)，t 分布 (t)，f 分布 (f)，ベータ分布 (beta)，χ^2 分布 (chisq) などである．

2.3 仮説検定

2.3.1 仮説検定とは

　仮説検定とは，母集団に関する仮説を標本値を元にして検定することである．たとえばコインを 10 回投げると，それぞれ 50% の確率で表と裏が出ることが期待される．それが 10 回とも表が出た場合，このコインは公平なのかそれとも細工されてい

るのかという疑問が生じる．偶然に 10 回とも表が出ることはあり得るが，その確率は $(1/2)^{10} \simeq 0.000977$ と非常に小さく，コインには細工がされていると思うのが普通であろう．このようにコインの表と裏はそれぞれ 50% の確率で現れるという仮説を立て，観測されたデータをもとにその仮説が妥当かどうかを調べるのが仮説検定である．

コインの例を用いて仮説検定をもう少し詳しく説明する．10 回コインを投げて表が 6 回出た場合と 100 回投げて表が 60 回出た場合とでは，どのように評価すればよいであろうか．統計的検定を行う際には，まずコインは公平であるという仮説を立てる．その上で，それぞれの起こりえる確率を計算し評価するのである．公平なコインを n 回投げて表が r 回以上出る確率は

$$\mathrm{P}(n,r) = \frac{\sum_{i=r}^{n} {}_n\mathrm{C}_i}{2^n}$$

と計算される．ここで組み合わせ ${}_n\mathrm{C}_i = \frac{n!}{i!(n-i)!}$ は n 個のものから異なる i 個のものを選ぶ組合せの総数で，R では choose (n,i) などを用いて計算することができる．そこで，

```
Prob <- function (n,r) {
tmp <- 0
for (i in r:n) {
tmp <- tmp+choose (n,i)
}
return (tmp/2^n)
}
```

のような関数を作成し，実行すると

```
> Prob (10,6) #コインを 10 回投げて 6 回以上表が出る確率
[1] 0.3769531
> Prob (100,60) #コインを 100 回投げて 60 回以上表が出る確率
[1] 0.02844397
```

を得る．つまり公平なコインを 10 回投げても表が 6 回以上出る確率は 37.7% である．その一方で 100 回投げて表が 60 回以上出る確率は 2.8% しかないことになる．よって，10 回投げたうち 6 回が表であってもコインが細工されているとは判断しがたいが，100 回のうち 60 回となれば細工されていると判断してもよさそうである．

以上が仮説検定の基本的な考え方である．以下で仮説検定を行う際に出てくる用語についてまとめておく．コインが公平であるという仮説を帰無仮説と呼び，$H_0 : q = 0.5$ などと書く．これは q が表が出る確率で，それが 0.5 であるという意味である．一方，コインの表が出やすいよう細工されているという仮説を対立仮説と呼び，$H_1 : q > 0.5$ などと書く．コインを 10 回投げて表が 6 回出ただけでは細工されて

いる証拠にはならないと判断したら，これを帰無仮説は棄却できない，あるいは慣用的に帰無仮説が採択されたと言う．逆に，100回投げて60回表が出た場合にコインが細工されていると判断したら帰無仮説は棄却されたと言う．

では，コインを100回投げたうち表が何回出たら帰無仮説が棄却されるのであろうかという疑問がわいてくる．その線引きを与える確率のことを有意水準と言う．たとえば，5%や1%という数字が用いられ，その値よりも確率が低い場合に，有意水準5%あるいは1%で帰無仮説H_0は棄却されたなどと言う．つまり，コインを100回投げて60回表が出た場合に，有意水準5%でH_0は棄却されるが，有意水準1%ではH_0は棄却されないことになる．ちなみに，

```
> Prob (100,62)
[1] 0.01048937
> Prob (100,63)
[1] 0.006016488
```

なので，62回以上表が出たときにH_0を棄却することにすれば，有意水準は大体1%に設定したことになる．有意水準の代わりに，起こる確率$P(n,r)$の値そのままで表したものをp値あるいは有意確率と呼ぶ．

上の例で示したとおり，統計的検定とは帰無仮説を立てて，その成立を疑うだけの反証がどの程度あるかを調べる方法であり，帰無仮説が正しいことを積極的に証明するものではない．当然，コインを10回投げて6回表が出た場合でもコインに細工されている可能性はある．そこで，第一種の誤りと第二種の誤りという概念がある．コインを100回投げて60回以上表が出る確率は2.8%と小さいのでH_0を棄却したが，実はコインは公平であったというような場合を第一種の誤りと呼び，逆に10回投げて6回表が出る確率は37.7%と高いのでH_0を棄却できないが，実はコインには細工されていたというような場合を第二種の誤りと呼ぶ．この2種類の誤りはトレードオフの関係にあり，どちらかの誤りを減らそうと思えばもう一方の誤りの確率が高くなる．有意水準を低く設定すれば第一種の誤りは減るが，逆に第二種の誤りの可能性が高くなるので，必ずしも有意水準を厳しく設定することが良いというわけではない．

2.3.2 母平均のt検定

ある標本の標本平均が正の値だったとする．この母集団の平均は有意に正の値なのであろうか，あるいはゼロや負である可能性はどの程度あるのであろうか，という疑問に答える一つの方法がt検定である．t検定は，正規分布に従う母集団の平均値がある値に等しいかどうか，正規分布に従う二つの母集団の平均値が等しいかどうか，などという疑問について統計的有意性の検証やその信頼区間を求めるのに用いられる．特にファイナンスの分野では，回帰分析によって得られた回帰係数が0と有意に異なるかどうかの検定などでよく用いられるため（後述），その意味するところを理解しておくことは重要である．t検定に入る前にまずt分布について述べておく．t分布はt検定の基礎となる分布であり，正規分布に従う母集団の平均を少ない標本数か

ら推定する問題に使用される[†6].

$x_1, x_2, \cdots, x_n$ を平均 μ,分散 σ^2 の正規分布に従う独立な確率変数とする.

$$x_1, x_2, \cdots, x_n \sim N(\mu, \sigma^2)$$

母平均 μ と不偏分散 s^2 によって標本平均 $\bar{x}$ を次のように標準化した量を t 統計量と呼び,これは自由度 $n-1$ の t 分布に従うことが知られている.

$$t = \frac{\bar{x} - \mu}{s/\sqrt{n}} \sim t(n-1)$$

この分布関数はガンマ関数 Γ を用いて,

$$f(x) = \frac{\Gamma((\nu+1)/2)}{\sqrt{\nu\pi}\,\Gamma(\nu/2)} \left(1 + \frac{x^2}{\nu}\right)^{-(\nu+1)/2}$$

と書ける.ここで $\nu = n-1$ は自由度である.R には t 分布の確率密度関数を表す関数 dt (x, ν) などが用意されており,図示すると図 2.3 のようになる.

```
> x <- seq (-4,4,b=0.1)
> plot (x,dt (x,100),ylab="f (x) ","l")
> #自由度100の確率密度関数をプロット,y軸のラベルをf(x)と指定
> lines (x,dt (x,10),lty=2)
> #自由度10の確率密度関数を追加.ltyで線のタイプを指定
> lines (x,dt (x,1),lty=3) #自由度1の確率密度関数を追加.
> legend (-4,0.4,legend=c ("nu=100","nu=10","nu=1"),lty=c (1,2,3))
> #凡例を座標(-4,0.4)の位置に追加
```

t 検定とは,帰無仮説が正しいと仮定した場合に,統計量が t 分布に従うことを利用する統計的検定手法である.ここでは,n 個の標本

$$x_1, x_2, \cdots, x_n \sim N(\mu, \sigma^2)$$

の母平均 μ が 0 という仮説を検定する.つまり,帰無仮説 $H_0 : \mu = 0$,対立仮説 $H_1 : \mu \neq 0$ となる.正規分布に従う分布の標本平均 $\bar{x}$ は母平均 μ と分散 s^2 を用いて,

$$\frac{\bar{x} - \mu}{s/\sqrt{n}} \sim t(n-1)$$

という関係があったので,帰無仮説 $\mu = 0$ が正しい場合は

$$t = \frac{\sqrt{n}\bar{x}}{s} \sim t(n-1) \tag{2.1}$$

[†6] ギネス社の技術者,統計学者であった William Sealy Gosset によって発見された.彼はスチューデントというペンネームで学術活動を行っていたため,本名よりもスチューデントの t 分布として有名である.

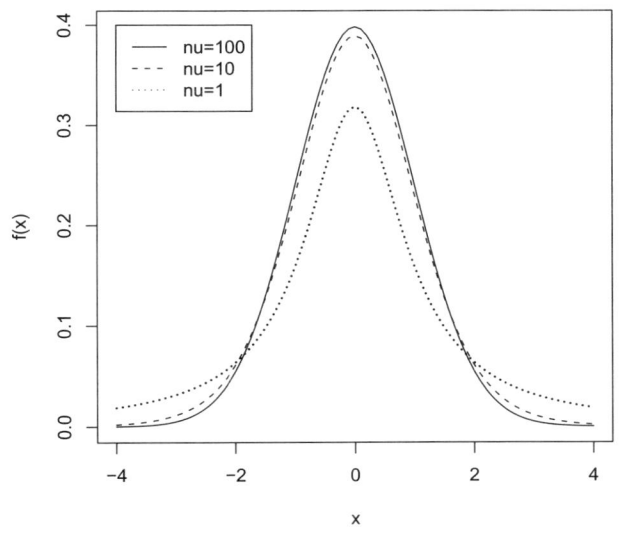

図 2.3 　t 分布の密度関数

となる．たとえば有意水準を 5% とすると，対立仮説を $H_1: \mu \neq 0$ としているので，分布の両側に棄却領域を 2.5% ずつ設けることになる．式 (2.1) の t 値が棄却領域に入れば，帰無仮説は有意水準 5% で棄却されることになる．R では，棄却領域を求める際に qt () という関数を用いることができる．自由度 $n-1$ の t 分布において有意水準 5% で両側検定を行う場合は，qt (0.025, n-1), qt (0.975, n-1) として確率点を求めることができる．たとえば自由度が 10 の場合，

```
> qt (0.025,10) #下側確率 2.5% 点
[1] -2.228139
> qt (0.975,10) #上側確率 2.5% 点
[1] 2.228139
```

として確率点を求めることができる．よって，式 (2.1) の t 値が $[-2.228139, 2.228139]$ の間に入っていれば有意水準 5% で帰無仮説は採択され，それ以外の場合は棄却される．また t 値が与えられた場合，その累積分布は次のように求めることができる．

```
> pt (-2.228139,10) #t=-2.228139 の累積分布 P[X < -2.228139]
[1] 0.02499999
> pt (2.228139,10) #t=2.228139 の累積分布 P[X< 2.228139]
[1] 0.975
> pt (2.228139,10,lower=F) #P[X>2.228139] となる確率
[1] 0.02499999
```

R には推定や検定を行う関数が多数用意されている．t 検定を行う場合は t.test () を用いることができる．ここでは例として正規乱数を発生させて t 検定を行ってみる．

```
> data0 <- rnorm (20,0,1) #平均0，標準偏差1の正規乱数を20個発生
> data1 <- rnorm (20,1,1) #平均1，標準偏差1の正規乱数を20個発生
```

一標本 t 検定

母平均 μ が0であるかどうかを検定し，95%信頼区間を求めてみる．

```
> t.test (data0,mu=0)

        One Sample t-test

data:  data0
t = 0.3717, df = 19, p-value = 0.7142
alternative hypothesis: true mean is not equal to 0
95 percent confidence interval:
 -0.3500176  0.5011681
sample estimates:
 mean of x
0.07557523
```

この結果より，t 値は $t = 0.3717$ となっており，これが棄却領域に入っているかを見ることになる．$df = 19$ より，自由度 $19(= 20 - 1)$ の t 分布において検定していることがわかる．p 値が0.05より小さければ母平均は0と有意な差があるとみなされ帰無仮説は棄却されるが，今の場合 p-value= 0.7142 と大きな値になっており[7]，帰無仮説 $H_0 : \mu = 0$ は棄却できない．また，95%の信頼区間は $[-0.3500176, 0.5011681]$ となっており，0を含むことからも帰無仮説は採択されることになる[8]．data1 についても同様の検定を行ってみる．

```
> t.test (data1,mu=0)

        One Sample t-test

data:  data1
t = 6.66, df = 19, p-value = 2.275e-06
alternative hypothesis: true mean is not equal to 0
95 percent confidence interval:
 0.923481 1.769931
sample estimates:
mean of x
 1.346706
```

---

[7] t 値が ± 0.3717 の外側にある確率 pt(-0.3717,19)+pt(0.3717,19,lower=F) である．
[8] 信頼区間は mean(data0)+qt(0.975,19)*sd(data0)/sqrt(20) などから計算される．

t 値は 6.66 と非常に大きく,p 値は 2.275e-06 と非常に小さな値となっている.また,信頼区間は $[0.923481, 1.769931]$ なので,$\mu = 0$ は信頼区間の外側,つまり棄却領域に入っており,帰無仮説は有意水準 5% で棄却される.さらに,信頼区間を 99% に変更したい場合は,conf.level $= 0.99$ を引数に加えて

```
> t.test (data1,mu=0,conf.level=0.99)

        One Sample t-test

data:  data1
t = 6.66, df = 19, p-value = 2.275e-06
alternative hypothesis: true mean is not equal to 0
99 percent confidence interval:
 0.7682037 1.9252086
sample estimates:
mean of x
 1.346706
```

とすればよい.片側検定を行いたい場合は,引数に alternative="greater" や "less" などを加える(デフォルトは両側検定 "two.side").

```
> t.test (data1,mu=0,alternative="less",conf.level=0.99)

        One Sample t-test

data:  data1
t = 6.66, df = 19, p-value = 1
alternative hypothesis: true mean is less than 0
99 percent confidence interval:
     -Inf 1.860209
sample estimates:
mean of x
 1.346706
```

ここで alternative="less" は $\mu < 0$ を対立仮説とする.つまり,帰無仮説は $0 \leq \mu$ であり,今の場合 $0 \leq \mu$ が採択される.

二標本 t 検定

最後に,data0 と data1 の平均値に差があるかどうか検定する方法を紹介する.両者の分散が等しいと仮定して検定を行う場合は var.equal=T を引数に加える.異なる場合はこれを外せばよい(当然 var.equal=F と書いてもよい).

```
> t.test (data0,data1,var.equal=T)

        Two Sample t-test

data:  data0 and data1
t = -4.4326, df = 38, p-value = 7.671e-05
alternative hypothesis: true difference in means is not equal to 0
95 percent confidence interval:
 -1.8516576 -0.6906043
sample estimates:
  mean of x   mean of y
 0.07557523  1.34670618
```

これより t 値は -4.4326, p 値も 0.05 以下となっている．また信頼区間も $[-1.8516576, -0.6906043]$ となっており，両者の平均値が等しいという帰無仮説は棄却されることとなる．

2.4 回帰分析

回帰分析はファイナンスや，計量経済の分野で最も頻繁に用いられる統計的手法の一つである．被説明変数 Y と説明変数 X_i を線形関係 $Y = \sum a_i X_i + c$ で結びつけ，変数間の関係を分析する[†9]．ここで c は適当な定数，係数 a_i を感応度などと呼ぶ．特に説明変数が一つの場合は (X, Y) の散布図を描くことで直感的に理解しやすい．説明変数が一つの場合を単回帰分析，多数の場合を重回帰分析と呼ぶ．回帰分析はファイナンスに限らずさまざまな分野で用いられるため，Excel やその他多くの統計ソフトウェアで計算することができる．本節では R を用いた回帰分析について簡単に述べる．

ある株価の月次変化率 ($Y = $ Stock)，ある経済指標の月次変化率 ($X_1 = $ Eco1, $X_2 = $ Eco2) が図 2.4 のように与えられていたとする．経済指標の変化に対して株価はどの程度変化するのかを知りたいため，

$$Y = a_1 X_1 + a_2 X_2 + c \tag{2.2}$$

という回帰式を推定することにする．つまり，回帰分析とは式 (2.2) が与えられたデータに対して最もフィットするように係数 a_i や定数 c を決定する作業といえる．

では，実際に R でどのように回帰分析を行うのか見ていきたい．まずデータセットの準備を行う[†10]．ここでは price という名のデータフレームを用意する．

[†9] たとえば，被説明変数として株価，説明変数としてマクロ経済指標などを用いて，マクロ経済指標予測から将来の株価を予測したりするのに用いることができる．

[†10] csv ファイルから大量のデータを読み込む例は次の主成分分析の節 2.5 を参照．

	Stock	Eco1	Eco2
Jan	4.8	0.5	0.1
Feb	-3.3	-1.8	-2.6
Mar	6.4	5.5	3.2
Apr	3	-1.7	6.5
May	-0.4	-0.9	1.9
Jun	2.6	2.9	-2.4
Jul	-8.2	-4.8	-2.6
Aug	-2.5	0.1	-1.5
Sep	6.9	0.7	5.3
Oct	-5.1	-2.6	0.9
Nov	2.7	1	-2.4
Dec	-7.9	-1.8	-0.6

図 2.4　株価，経済指標の月次変化率データ

```
> stock <- c (4.8,-3.3,6.4,3,-0.4,2.6,-8.2,-2.5,6.9,-5.1,2.7,-7.9)
> eco1 <- c (0.5,-1.8,5.5,-1.7,-0.9,2.9,-4.8,0.1,0.7,-2.6,1,-1.8)
> eco2 <- c (0.1,-2.6,3.2,6.5,1.9,-2.4,-2.6,-1.5,5.3,0.9,-2.4,-0.6)
> price <- data.frame (Stock=stock,Eco1=eco1,Eco2=eco2)
```

データの平均，標準偏差，相関などは

```
> mean (price$Stock)
[1] -0.08333333
> sd (price$Stock)
[1] 5.287521
> cor (price$Stock,price$Eco1) #StockとEco1の相関係数
[1] 0.7679317
> cor (price$Stock,price$Eco2) #StockとEco2の相関係数
[1] 0.5322617
> cor (price$Eco1,price$Eco2) #Eco1とEco2の相関係数
[1] 0.1751904
```

などで調べられる．被説明変数と説明変数の相関が低い場合は説明力が弱かったり，説明変数同士の相関が高い場合は多重共線性[†11]の問題が起きたりするので，回帰分析を行う前にデータ間の基本統計量を調べておくことは重要である．

　まず，説明変数としてEco1のみを用いた単回帰分析を行ってみる．Rではlm ()という関数を用いて回帰分析を行うことができる．lm () 関数の最初の引数は回帰式に用いるモデルの形式であり，単回帰の場合はStock~Eco1とモデルを指定し，2番目の引数でデータを指定する．

```
> plot (Stock~Eco1, data=price) #散布図の作成
> reg <- lm (Stock~Eco1, data=price) #回帰分析の実行
> abline (reg) #回帰直線を描く
```

[†11] 説明変数同士の相関が高い場合，どちらの変数で説明しても大差ない．そのため，両者を同時に説明変数として用いると分析結果が不安定になることがある．説明変数の選択には試行錯誤が繰り返されることになる．

```
> summary (reg) #分析結果の要約

Call:
lm (formula = Stock ~ Eco1, data = price)

Residuals:
   Min     1Q Median     3Q    Max
-5.466 -2.087 -1.053  1.624  5.563

Coefficients:
            Estimate Std. Error t value Pr (>|t|)
(Intercept)   0.2812     1.0299   0.273  0.79035
Eco1          1.5086     0.3979   3.791  0.00354 **
---
Signif. codes:  0 '***' 0.001 '**' 0.01 '*' 0.05 '.' 0.1 ' ' 1

Residual standard error: 3.552 on 10 degrees of freedom
Multiple R-squared: 0.5897,    Adjusted R-squared: 0.5487
F-statistic: 14.37 on 1 and 10 DF,  p-value: 0.003536
```

分析結果を図示すると図2.5のようになる．また回帰式の定数項は0.2812，係数は1.5086，つまり (Stock) = 1.5086× (Eco1) + 0.2812と表される直線が与えられたデータに最もフィットすることを示している．以下にsummary (reg) の結果について説明を行う．

- Residuals：残差に関する基本統計量を示している．残差とは，実際のStockの値と回帰分析によって推計されたモデル値 $1.5086 \times$ (Eco1) $+ 0.2812$ の差である．つまり，図2.5における各々の点と回帰直線との差が残差となる．ここでは，その残差の最小値，第1四分位数，中央値，第3四分位数，最大値が示されている．

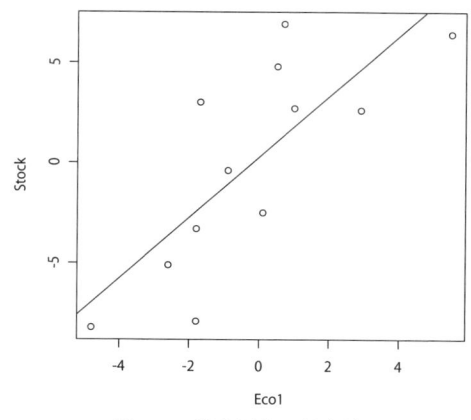

図2.5　散布図と回帰直線

predict (reg) でモデル値を，residuals (reg) で残差を表示することができる．

- Coefficients：ここが回帰分析の主要な結果となる．まず，Estimate が回帰係数を表す．これらは，残差の2乗和が最小となるように最小2乗法で決定される．(Intercept) が定数項，Eco1 が説明変数 Eco1 の回帰係数を表す．これより回帰式が $1.5086 \times (Eco1) + 0.2812$ で与えられることがわかる．またそれぞれの標準誤差，t 値，p 値などが表示される．t 値は "回帰係数がゼロである" という仮説検定の統計量であり，この値の絶対値が2を超えていることが望ましいとされる．t 値が小さいとその符号が反転する可能性も高いということで，結果の信頼性が低いと解釈される．さらに t 値の外側となる確率が p 値であり，t 値の絶対値が大きいほど p 値は小さくなり，係数の符号に関する信頼性が高い．また，その程度を星マーク*で示している．回帰係数は coefficients (reg) でも表示することができる．

- R-Squared：R^2 は決定係数と呼ばれ，モデルがどの程度データにフィットしているかを評価する指標である．この値が1に近いほどよくフィットしていると判断される．Multiple R-squared（決定係数）と Adjusted R-squared（調整済み決定係数）が示される．決定係数 R^2 は相関係数 R の2乗で表されるが，調整済み決定係数は主に重回帰分析を行う際に重要となる指標であり，データの数（標本サイズ）と説明変数の数に応じて調整を加えた指標である．標本サイズに比べて説明変数の数が多いと R^2 が極端に高くなることがあるので，そのような場合は調整済み決定係数を用いる方がよいとされている．またその下にある F 値，p 値は "すべての回帰係数がゼロである" という仮説検定の統計量である．

次に重回帰分析であるが，これは lm () でモデルを指定する第1引数を Stock~Eco1+Eco2 とすることで行うことができる．

```
> reg <- lm (Stock~Eco1+Eco2, data=price)
#説明変数としてEco1とEco2を使用
> summary (reg)


Call:
lm (formula = Stock ~ Eco1 + Eco2, data = price)

Residuals:
    Min      1Q  Median      3Q     Max
-4.9421 -1.6612  0.3000  1.3705  4.1324

Coefficients:
            Estimate Std. Error t value Pr (>|t|)
(Intercept) -0.08471    0.85575  -0.099   0.92332
Eco1         1.36738    0.33061   4.136   0.00254 **
Eco2         0.68653    0.28158   2.438   0.03748 *
```

```
---
Signif. codes:  0 '***' 0.001 '**' 0.01 '*' 0.05 '.' 0.1 ' ' 1

Residual standard error: 2.906 on 9 degrees of freedom
Multiple R-squared: 0.7529,     Adjusted R-squared: 0.698
F-statistic: 13.71 on 2 and 9 DF,  p-value: 0.001853
```

以上より，(Stock)= $1.36738 \times$ (Eco1) $+ 0.68653 \times$ (Eco2) $- 0.08471$ と推計される．R^2 は単回帰の場合と比べて上昇しており，Eco2 を加えたことでモデルの説明力が高くなったことが確かめられる．また，Eco1，Eco2 の t 値はともに 2 を超えているが，定数項の t 値は小さな値となっている．そうした場合，定数項を用いずに分析を行いたいこともあるだろう．定数項を用いずに分析を行う場合はモデルの引数に -1 を加え，lm (Stock~Eco1+Eco2-1, data=price) と指定すればよい．説明変数に Stock 以外のすべての変数を用いる場合は，ピリオドによって lm (Stock~., data=price) と指定する．また，対数をとってから分析を行いたい場合は，lm (log (Stock) ~log (Eco1), data=price) などと指定すればよい．

2.5 主成分分析によるイールドカーブ分析

本節では，回帰分析と同様にファイナンスの分野で最もよく用いられる統計的手法の一つである主成分分析について，イールドカーブの分析を例に説明する．主成分分析とはパターンの抽出やデータの分類などに役立つ手法であり，ここで紹介するイールドカーブの分析以外にもファイナンスの分野ではさまざまな分析に応用が可能である．また，イールドカーブはデリバティブのプライシングにいたるまでほぼすべてのファイナンスの基礎となるため，こちらも合わせて理解しておくことが重要である．

2.5.1 イールドカーブ

債券価格とは，将来キャッシュフロー（クーポンと元本）を適当な金利で割り引いた現在価値 (PV; Present Value) として表現される．この適当な金利のことを（債券）利回り，英語でイールド (yield) と呼ぶ．詳細に入る前に，"適当な金利で割り引く"や "現在価値" について簡単に述べておきたい．100 円を金利 1% で 5 年間銀行に預けることを考える．そうすると 5 年後には現在の 100 円が $100 \times (1+0.01)^5 = 105.101$ 円になっている．ここで，現在の 100 円と 5 年後の 105.101 円は等価であると考えるのである．逆に 5 年後の 100 円の現在の価値は $100/(1+0.01)^5 = 95.147$ 円などと評価するのである．それを，5 年後の 100 円を金利 1% で割り引いて現在価値は 95.147 円であるという．たとえば，年 1 回クーポン C の支払いが N 年間あり，最終年に元本 100 が支払われる債券を考える．今その債券の価格（現在価値；PV）が，適当な金利 r でクーポンや元本を割り引いて，

2.5 主成分分析によるイールドカーブ分析

$$\text{PV} = \sum_{i=1}^{N} \frac{C}{(1+r)^i} + \frac{100}{(1+r)^N}$$

と表される場合，この r を債券利回りと呼ぶ[†12]．半年に1回クーポン $C/2$ の支払いがある場合には，

$$\text{PV} = \sum_{i=1}^{2N} \frac{C/2}{(1+r/2)^i} + \frac{100}{(1+r/2)^{2N}}$$

などと評価する．上の式からわかるとおり，利回りの高い債券の価格は低く，逆に利回りの低い債券の価格は高くなる．

金利・債券利回りは満期までの長さ（年限）によって異なる．利回りを年限の関数として表した曲線をイールドカーブ（利回り曲線）と呼ぶ（図2.6参照）．一般的には長期債券の利回り（長期金利）は短期債券の利回り（短期金利）よりも高くなる傾向があり，これを順イールドと呼ぶ[†13]．逆に長期債券の利回りが短期債券の利回りよりも低くなっている場合は逆イールドと呼ばれる．

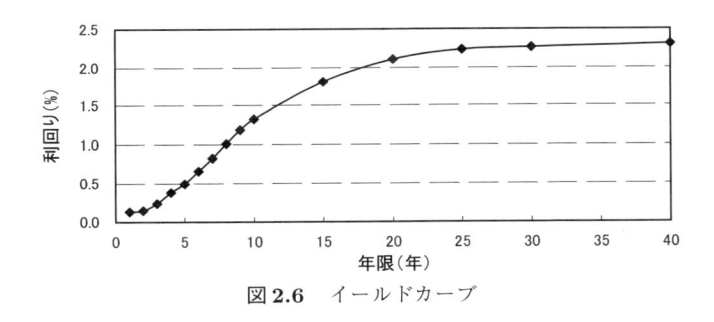

図 2.6 イールドカーブ

イールドカーブの形状は時々刻々と変化するが，それは債券価格の変化に直結するだけに債券分析において非常に重要となる．景気循環などとの関係においてイールドカーブはさまざまに形を変えるが，主に次の三つのパターンが観測されており，このパターンの組合せによって定性面・定量面からイールドカーブの動きが説明されている．

イールドカーブの代表的な動き

- 水準変化 (Shift)：すべての年限の利回りが同じ方向に動く（つまりすべての年限の利回りが上昇するか低下する）．
- 傾き変化 (Slope)：短期と長期で逆方向に動く（たとえば短期の利回りが低下する一方で長期の利回りが上昇するなど）．
- 曲率変化 (Curvature)：短期・長期と中期が逆方向に動く（たとえば短期と長期の利回りが低下する一方で中期の利回りが上昇するなど）．

[†12] これを複利ベースの利回りと呼ぶ．ほかに単利ベースや連続利回りなどもある．なおこの節では利回りと金利を同じ意味で用いる．
[†13] 一般的に定期預金やローンを組む際も，期間が長い方が短い方よりも金利が高くなる．

イールドスプレッドやバタフライ，あるいはブレットやバーベルなどと呼ばれるポジションを構築することによって[†14]，これらのイールドカーブ変化から利益を得る取引戦略をカーブ取引と呼ぶ．主成分分析によるイールドカーブの定量分析は，どの年限にどの程度のウェイトを置いて投資するかの判断を行う際に，非常に有効な手段の一つとなる．

また，債券の中でも国が発行する国債は安全資産と考えられ，さまざまな債券プライシングの基礎となるため特に重要である．国債利回りの情報は財務省のホームページなどから入手可能である．以下の分析ではこの国債利回りを用いて行う．

http://www.mof.go.jp/jgbs/reference/interest_rate/index.htm

2.5.2　主成分分析とは

ファイナンスでは，複数の市場変数や経済変数の相互間の関係を分析対象とすることが多い．このように，多変量の関係を扱う統計的手法を多変量解析という．最も直感的でよく用いられるのが2.4節で説明した（重）回帰分析である．回帰分析は次式のように表すことができる．

$$Y = a_1 X_1 + a_2 X_2 + \cdots + c \quad (c は定数)$$

ここで Y を被説明変数，X を説明変数，説明変数の係数 a_i を感応度と呼ぶのであった．たとえば金利モデルを作る場合には，Y として10年金利，X として経済成長率や物価上昇率などを選ぶ．回帰分析は被説明変数を観測可能な説明変数と線形関係で直接結びつけるため，直感的に理解しやすく多くの経済モデルで使用される最も代表的な分析手法である[†15]．

このように，回帰分析では各年限の利回りをさまざまな変数を用いて説明することが可能である．しかし，上で述べたように各年限の利回りは独立に変動しているわけではなく，互いに関係をもって変化している．その動きからパターンを抽出したり，サンプルに分類したりするのに主成分分析 (PCA; Principal Component Analysis) を用いることができる．主成分分析とは，多変量の情報をそれよりも少ない変数に集約して保存する方法であり，デジタルデータの圧縮などにも用いられている．

国債利回りの例を用いてその概念を簡単に説明する．計算法の詳細は2.5.4項を参照されたい．図2.7に5年債利回りと10年債利回りの散布図を示す．両者の間には明らかに正の相関関係を見て取ることができる．ある日の状態は5年債利回りが0.5%，10年債利回りが1.2%というように，5年債利回りと10年債利回りの2つの座標軸で $(5y, 10y) = (0.5, 1.2)$ と2次元平面で表される．しかし，ここで座標軸を回転させて新しい座標 x, y を定義してやると，細かいことを無視すれば x の値だけで大まかな金

[†14] ポジションについては後ほど簡単に述べるが，ある年限の債券を買う一方で，異なる年限の債券を売ることなどによって，カーブの動きから利益を狙う．

[†15] 分析自体は単純でわかりやすいが，説明変数の選択には注意が必要となる．前にも述べたように説明変数同士の相関が高いと多重共線性の問題が起こり，分析結果が不安定になる場合がある．

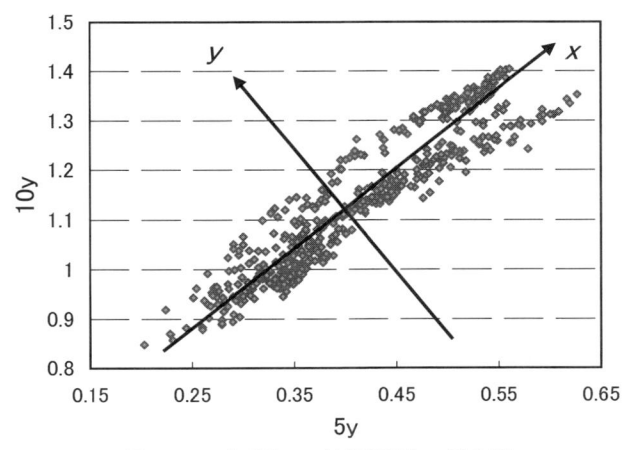

図2.7　5年債と10年債利回りの散布図

利の状態を知ることができる．実務では金利水準の指標として10年債利回りを用いることが多いが，アイディアとしてはこれに近い．一方，yの値は指標値からの乖離を表し，正（負）の値のときは10年債利回りの方が5年債利回りよりも高め（低め），つまりイールドカーブの傾きが急（緩やか）であることを意味する[†16]．

このように，座標軸の直交回転によって見つけた新しい座標（変数）x, yを主成分と呼ぶ．さらに今の例では，yよりもxの方がイールドカーブの状態をより良く説明していることがわかる．その説明力[†17]の大きさに応じて第1主成分 (PC1)，第2主成分 (PC2)，$\cdots$，などと呼ばれる．また各主成分の値，たとえば$x = 1.5$といったときの1.5という値を主成分スコアと呼ぶ．このように，主成分分析では新しい座標の向きを定め，その座標軸上の値を求めるという作業を行うことになる．

固有ベクトル

ここでぜひとも理解しておかなくてはならない概念に固有ベクトルがある．主成分分析は数学的に行列の固有値問題に帰着し，固有ベクトルが登場する（後述）．ベクトルという名が示すとおり，新しい座標の向き，つまり主成分を指し示すため，分析結果を解釈することは固有ベクトルの意味するところを理解するといっても過言ではない．主成分分析を行う上で，固有ベクトルの概念そのものよりも，その解釈の仕方を理解しておくことが重要である．以下に示すように，見方によっていくつかの解釈が可能ではあるが，一言で言うと観測データ（上の例では5年債と10年債の利回り）と主成分 (x, y) を関係付ける，互いの変数変換を定義するものである．固有ベクトルを見ることによって以下のような情報を得ることができる．

- 新しい座標軸（主成分）の向き．
- 観測データから主成分分析のスコアを求める際のウェイト．
- 観測データのスコアに対する感応度（主成分スコアが変化した際に観測データは

[†16] 傾きが急であることをスティープ，緩やかであることをフラットと呼ぶ．
[†17] 寄与率と呼ばれ，相関行列の固有値で測られる（後述）．

どの程度変化するか).

3つ目の解釈によると，固有ベクトルを用いて各年限の利回りをファクターモデルの形で表現することも可能となる.

$$Y_i = a_{i,1}\text{PC1} + a_{i,2}\text{PC2} + \cdots + c_i \qquad (c_i は定数) \qquad (2.3)$$

ここで Y_i ($i = 5y, 10y$ etc) は5年債や10年債などの利回り，PC1, PC2などは各主成分のスコアを表す．また感応度 $a_{i,j}$ が固有ベクトルとなる[18]．これより，下位の主成分を無視して上位少数のスコアの動きと固有ベクトルを見ることによって，イールドカーブ全体の動きやパターンを捉えることが可能となる.

主成分分析の特徴

主成分分析と回帰分析を比較すると次のような特徴がある.

- 回帰分析の説明変数は観測値であるのに対し，主成分は被説明変数のパターンを捉えるために抽出された人工的な変数であり，直接観測することはできない.
- 回帰分析の説明変数に比べて，主成分の解釈がやや困難な場合がある.
- 主成分分析では回帰分析における説明変数の選択における任意性が排除される.
- 主成分同士は独立である（直交している）ため，重回帰分析でしばしば問題となる多重共線性の問題がない.

2.5.3 イールドカーブの主成分分析例

イールドカーブの主成分分析をRを用いて行うことで，その分析法や分析結果の解釈を見ていきたい．例として2年から30年の13期間の国債利回りを対象にして主成分分析を行う．分析を行うにあたり，財務省のホームページなどからデータをダウンロードし，図2.8のようなcsv形式のデータを用意する．ここではjgbdata.csvという名前をつけておく.

まず，データを read.csv () で読み込む.

```
> data <- read.csv ("jgbdata.csv")
```

次に，データの平均値と標準偏差を見る.

```
> Mean <- mean (data[,2:14])   #2年から30年金利のデータを使用
> StDev <- sd (data[,2:14])
> Mean
        X2        X3        X4        X5        X6    .....
 0.1530560 0.2141716 0.3161839 0.4098634 0.5295937    ......
> StDev
```

---

[18] ただし，通常分析には平均0，標準偏差1に標準化したデータを用いることが多く，固有ベクトルに観測データの標準偏差を掛けたものが感応度となる.

Date	2	3	4	5	6	7	8	9	10	15	20	25	30
H22.1.4	0.147	0.238	0.383	0.495	0.662	0.828	1.009	1.184	1.322	1.81	2.11	2.236	2.266
H22.1.5	0.148	0.234	0.376	0.491	0.66	0.834	1.015	1.188	1.329	1.819	2.119	2.244	2.275
H22.1.6	0.154	0.237	0.378	0.502	0.675	0.851	1.029	1.198	1.337	1.828	2.128	2.252	2.28
H22.1.7	0.154	0.243	0.388	0.506	0.689	0.872	1.045	1.208	1.345	1.847	2.144	2.269	2.294
H22.1.8	0.164	0.253	0.398	0.521	0.707	0.892	1.064	1.222	1.359	1.855	2.147	2.27	2.297
H22.1.12	0.164	0.254	0.396	0.519	0.697	0.884	1.057	1.22	1.355	1.854	2.144	2.266	2.293
H22.1.13	0.164	0.249	0.386	0.509	0.678	0.855	1.029	1.191	1.333	1.84	2.132	2.253	2.283
H22.1.14	0.159	0.25	0.396	0.526	0.693	0.87	1.041	1.199	1.339	1.839	2.125	2.236	2.268
H22.1.15	0.155	0.247	0.391	0.524	0.684	0.856	1.026	1.186	1.329	1.836	2.12	2.232	2.265
H22.1.18	0.16	0.249	0.39	0.524	0.67	0.842	1.013	1.177	1.326	1.837	2.123	2.236	2.268
H22.1.19	0.16	0.248	0.391	0.521	0.676	0.847	1.021	1.189	1.336	1.851	2.137	2.253	2.284
H22.1.20	0.161	0.247	0.393	0.521	0.683	0.858	1.026	1.194	1.341	1.851	2.137	2.257	2.289
H22.1.21	0.161	0.255	0.401	0.532	0.699	0.876	1.041	1.204	1.349	1.847	2.133	2.257	2.289
H22.1.22	0.161	0.254	0.395	0.522	0.684	0.854	1.018	1.186	1.331	1.834	2.123	2.249	2.281
H22.1.25	0.162	0.255	0.396	0.527	0.696	0.869	1.034	1.2	1.346	1.839	2.128	2.253	2.286
H22.1.26	0.157	0.244	0.38	0.509	0.67	0.84	1.009	1.182	1.328	1.821	2.112	2.236	2.27
H22.1.27	0.156	0.237	0.372	0.498	0.656	0.823	0.994	1.168	1.319	1.817	2.108	2.235	2.267
H22.1.28	0.155	0.237	0.374	0.505	0.661	0.828	0.997	1.169	1.323	1.812	2.104	2.232	2.266
H22.1.29	0.155	0.236	0.375	0.505	0.663	0.83	1	1.174	1.33	1.822	2.116	2.24	2.274

⋮

図 2.8 国債利回りデータ：jgbdata.csv

```
         X2         X3         X4         X5         X6   .....
  0.03091931 0.05153842 0.07397128 0.08950657 0.10726637   ......
```

ここでは平均がゼロ，標準偏差が1となるようにデータの標準化をしてから，分析を行ってみよう．Rでは標準化を行うscale () という関数も用意されているが，次のように行うことも可能である．

```
> X <- t ((t (data[,2:14]) -Mean) /StDev)
> #t () は転置行列を生成する関数
```

Rには主成分分析を行うprincomp () 関数が用意されている[19]．

```
> PC <- princomp (X, cor=TRUE)    #不偏相関係数行列から主成分を計算
```

主成分分析の結果はstr () 関数を用いて確認できる．

```
> str (PC)
List of 7
 $ sdev    : Named num [1:13] 3.419 0.945 0.488 0.365 0.129 ...
  ..- attr(*, "names")=chr [1:13] "Comp.1" "Comp.2" "Comp.3" "Comp.4"...
 $ loadings: loadings[1:13, 1:13] -0.231 -0.257 -0.276 -0.288 -0.289 ...
  ..- attr (*, "dimnames") =List of 2
  .. ..$ : chr [1:13] "X2" "X3" "X4" "X5" ...
  .. ..$ : chr [1:13] "Comp.1" "Comp.2" "Comp.3" "Comp.4" ...
 $ center:Named num[1:13]-1.21e-16 -1.24e-16 2.83e-16 -2.61e-16 -2.05e-16...
  ..- attr (*, "names") = chr [1:13] "X2" "X3" "X4" "X5" ...
 $ scale   : Named num [1:13] 1 1 1 1 1 ...
  ..- attr (*, "names") = chr [1:13] "X2" "X3" "X4" "X5" ...
 $ n.obs   : int 571
```

---

[19] 今の例ではデータを標準化しているので，相関係数行列と分散共分散行列のどちらを用いても同じだが，cor = TRUE(相関行列), cor = FALSE(分散共分散行列) でそれぞれ指定できる．

```
$ scores   : num [1:571, 1:13] -4.1 -4.16 -4.47 -4.83 -5.26 ...
 ..- attr (*, "dimnames") =List of 2
 .. ..$ : NULL
 .. ..$ : chr [1:13] "Comp.1" "Comp.2" "Comp.3" "Comp.4" ...
$ call     : language princomp (x = X, cor = TRUE)
- attr (*, "class") = chr "princomp"
```

寄与率，累積寄与率

この中からまず，固有値（上のsdevの2乗に対応）を見ることによって各主成分の寄与率，および累積寄与率を調べる．詳細は後の主成分分析の計算法（2.5.4項）で述べるが，これは各主成分の説明力と解釈される．寄与率，累積寄与率は図2.9のようになる[20]．

```
> PC$sd^2  #固有値
> PC$sd^2/sum (PC$sd^2) #寄与率
```

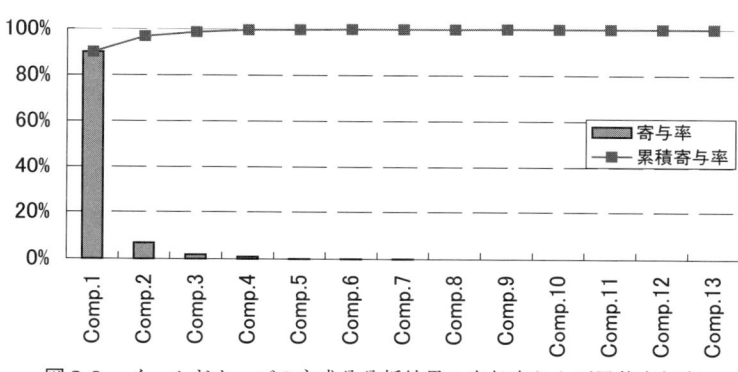

図2.9 イールドカーブの主成分分析結果：寄与率および累積寄与率

これより，第1主成分から第3主成分まででイールドカーブの動きの99%程度が説明されることがわかる．つまり，イールドカーブの動きは，3つの成分でほとんど説明されてしまうことを意味している．

固有ベクトル

次に，各主成分が何を意味しているのかを見るために，固有ベクトルと主成分スコアをチェックする[21]．固有ベクトルはloadings () で確認できる．

```
> unclass (loadings (PC)) #固有ベクトル
```

---

[20] Rで図示してもよいが，write.table (PC$sd^{}2,file="eigen.txt") などでテキストファイルに出力してExcelなどで作図も可．

[21] 固有ベクトルは新しく設定した座標の向きを表し，各座標の値を主成分スコアと呼ぶのであった．図2.7でいえば，x軸，y軸の向きを定めるのが固有ベクトルであり，その座標軸上の値がスコアである．

2.5 主成分分析によるイールドカーブ分析

ここでunclass()はクラス情報を取り除いたその引数を返す．金利の分析で特に重要となる第3主成分までの固有ベクトルは次のようになる．

```
> unclass (loadings (PC) [,1:3])
        Comp.1       Comp.2       Comp.3
X2   -0.2309720  -0.584562148  -0.29308020
X3   -0.2573620  -0.474670801  -0.17193598
X4   -0.2760196  -0.308361623  -0.03654715
X5   -0.2883535  -0.110427373   0.14990220
X6   -0.2888560  -0.032380271   0.25128978
X7   -0.2886050   0.007730903   0.29427079
X8   -0.2884373   0.031989648   0.31079744
X9   -0.2871796   0.100799975   0.29916426
X10  -0.2816848   0.190305461   0.27423609
X15  -0.2855548   0.211130477  -0.07110732
X20  -0.2806371   0.246331340  -0.27244790
X25  -0.2740971   0.298697764  -0.41379859
X30  -0.2718622   0.287592906  -0.44629663
```

これを図示すると図2.10のようになる．

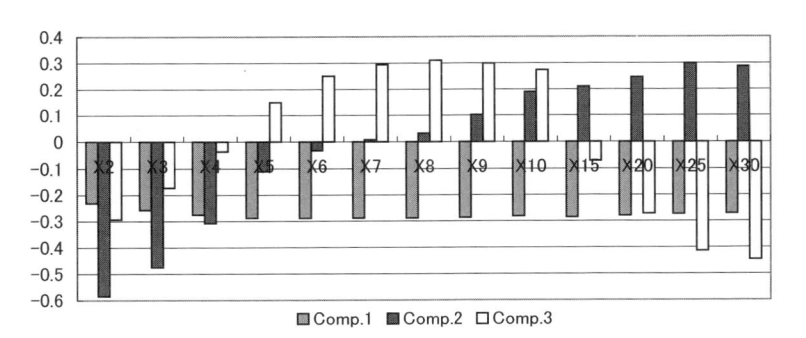

図2.10 イールドカーブの主成分分析結果：固有ベクトル

この結果から各主成分が何を表しているのか解釈をする必要がある．第1主成分(Comp.1)の固有ベクトルの符号はすべての年限(X2 - X30)で負の値になっている．これは，第1主成分が全年限の同じ方向（今の場合，負の値なので低下方向）への変化と関連していることを意味しており，第1主成分はイールドカーブの水準変化を表すと解釈できる．次に第2主成分(Comp.2)の固有ベクトルを見てみると，その符号が短期と長期で逆転している．これは第2主成分が短期と長期で逆方向（今の場合，短期利回りの低下と長期利回りの上昇）の変化と関連していることを意味しており，第2主成分はイールドカーブの傾きの変化を表していると解釈される．第3主成分(Comp.3)の固有ベクトルは，短期・長期と中期で符号が逆となっている．これより，第3主成分はイールドカーブの曲率変化を表していると解釈される．

過去の多くの分析において，第1主成分から第3主成分の特徴は安定して観測されている[22]．上の例では，第1主成分（の座標の向き）は金利低下，第2主成分（の座標の向き）はイールドカーブのスティープ化，第3主成分（の座標の向き）は曲率の上昇（ネガティブバタフライ：短期と長期金利の低下，中期金利の上昇）を表す[23]．

主成分スコア

各主成分の座標の向きは定まったが，イールドカーブの状態を知るためにはその座標値なり主成分スコアを見る必要がある．主成分スコアは元のデータと固有ベクトルから次のように求めることができる．

```
> X %*% unclass (loadings (PC))  #主成分スコア
```

イールドカーブの歪みや，債券価格の割安・割高分析を行う場合，平均0分散1に標準化されたスコアを用いた方が分析しやすい．標準化することによってスコアの大小の判別がしやすくなり，カーブの水準，傾き，曲率が平均からどの程度乖離しているのか判断しやすくなる．標準化したスコアやそれに対応する主成分負荷量[24] を求めるには，標準偏差 PC$sd を用いて，それぞれ次のように調整を行う．

```
> Score <- t (t(X %*% unclass (loadings (PC)))/PC$sd)
> #標準化された主成分スコア
> Loading <- t (PC$sd * t (unclass (loadings (PC))))   #主成分負荷量
```

主成分スコアの時系列データは図2.11のようになる．一般的に，この値の絶対値が2を超えると平均からの乖離が非常に大きいといえる．正規分布を仮定すると2を超える確率は2.5%以下である．

ここで，主成分負荷量 Loading は標準化された利回りデータ (X) に対するものと

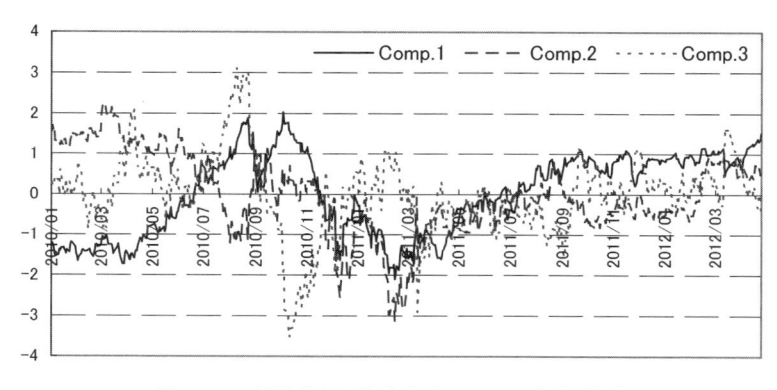

図2.11　標準化された主成分スコアの時系列推移

---

[22] ただし，データ観測期間が短かったり，金融政策の変更などによって結果が不安定になることもある．

[23] 分析データによっては固有ベクトルの符号が逆転することもある．それは単純に座標の向きが逆転しただけであり，主成分スコアの符号も逆になる．

[24] 標準化したスコアに対応させるため，固有ベクトルを調整する．

なっている．標準化する前の利回りデータの主成分スコアに対する感応度，つまり式 (2.3) の係数 $a_{i,j}$ を求めるには，元の利回りデータの標準偏差を用いて，以下のように計算することができる．

```
> Loading * StDev
```

実際にカーブ取引を行う際には，スコアの値と感応度（固有ベクトル）を見ながらカーブの状態を探る．今回取り上げた例では，固有ベクトルの符号から，第1主成分スコアの上昇はイールドカーブ全体が低下していることを，第2主成分スコアの上昇はカーブの傾きが急になっていることを，第3主成分スコアの上昇は短期と長期の利回りが低下し中期の利回りが上昇していることを表している．したがって，たとえば第2主成分スコアの値が大きいときはカーブの傾きが急（スティープ）になっていることを意味するので，カーブがフラットになると利益を得られるポジションを構築するのである．これをフラットナーと呼び，年限の短い債券を売って逆に年限の長い債券を買うことで実現できる．その逆のポジションをスティープナーと呼ぶ．また，第3主成分スコアが平均から大きく乖離しているときには，カーブの曲率の修正を狙って中期の債券の買い（売り）に対して短期と長期の債券を売る（買う）バタフライと呼ばれるポジションを構築するチャンスと言える．ほかにも，ブレット（ある年限に集中的に投資）とバーベル（短期と長期の債券に投資）の入れ替えなどにも利用できる．このように，イールドカーブ取引においては第2主成分スコアや第3主成分スコアに注目し，カーブの歪みの修正を狙って取引を行うことが可能である．さらに，少数の主成分スコアと感応度からフェアカーブを作成し，そのフェアカーブとの乖離（残差）から特定年限の割高・割安分析などを行うことも可能となる．これは説明力の高い主成分によって説明される部分をフェアバリュー（公正価値）と見なし，説明力の低い主成分によって説明される部分を誤差項と捉え，誤差項はいずれ解消しフェアバリューに収斂するという考えに基づく投資手法である．

2.5.4 主成分分析の計算法

数値計算からは少し離れるが，主成分分析が行列の固有値問題に帰着することを示す．データセットとして m 個の変数が T 個のサンプルから繰り返し観測されるものとする．国債利回りの例では，m 個の年限，T 日分のデータセットとなる．ここで，観測されるデータを $T \times m$ の行列 X として表す．

$$X = \begin{bmatrix} x_1^1 & \cdots & x_1^m \\ \vdots & \ddots & \vdots \\ x_T^1 & \cdots & x_T^m \end{bmatrix}$$

幾何学的に，データセット X は $(x^1, \cdots, x^m)$ の m 次元空間の T 個のサンプル点，つまり散布図として表される．主成分分析とは元の座標 $(x^1, \cdots, x^m)$ に直交回転を加えて，より明快にデータの特徴を捉えられる新しい座標系 $(y^1, \cdots, y^m)$ を見つける

ことにほかならない．具体的には，データの新しい軸 y^i 方向への散らばり具合に応じて，その軸の説明力を測っていく．第1主成分 y^1 軸はその軸方向にデータの散らばりが最も大きくなるように決定される．つまり，各サンプル点から y^1 軸上に垂線を下ろし，その垂線の足が最も大きく散らばる方向となる．また各サンプル点の y^1 座標を第1主成分スコアと呼ぶ．次いで第2主成分 y^2 軸は y^1 軸に直交する平面内で最もデータの散らばりが大きくなる方向に決められる．以下同様の手順で座標軸が決められていき，説明力（散らばり具合の大きさ）に応じて第 i 主成分と呼ぶ．ただし，変数の尺度（単位）が違う場合には，データの散らばり具合を比較しても意味がないので，データセット X は平均ゼロ，標準偏差1に標準化されたものを用いるのが一般的である．また，金利などのように，各年限の値に強い相関がある場合は，上の例で見たように m 個の主成分すべてを用いることなく少数の変数によってイールドカーブ全体の性質をとらえることができる（データの圧縮）．

X の各行ベクトルを

$$X = \begin{bmatrix} \boldsymbol{x}_1 \\ \vdots \\ \boldsymbol{x}_t \\ \vdots \\ \boldsymbol{x}_T \end{bmatrix},$$

$$\boldsymbol{x}_t = (x_t^1, \cdots, x_t^m)$$

と表す．また，長さが1の m 次縦ベクトルを $\boldsymbol{v}$ とすると，サンプル点 $\boldsymbol{x}_t$ から $\boldsymbol{v}$ 方向へ下ろした垂線の足（射影点）の長さは両者の内積で表される．

$$y_t = \boldsymbol{x}_t \boldsymbol{v}$$

よって，第1主成分はこの y_t の2乗和が最大になるように探せばよい．y_t を縦に並べたベクトルを $\boldsymbol{y}$ と書くと，$\boldsymbol{y} = X\boldsymbol{v}$ なので，

$$\begin{aligned} \|\boldsymbol{y}\|^2 &= \boldsymbol{y}'\boldsymbol{y} \\ &= (X\boldsymbol{v})'(X\boldsymbol{v}) \\ &= \boldsymbol{v}'(X'X)\boldsymbol{v} \end{aligned} \tag{2.4}$$

を制約条件 $\boldsymbol{v}'\boldsymbol{v} = 1$ の下で最大にするベクトル $\boldsymbol{v}$ を求めればよい．ここで，$X'X$ はデータサンプル X の相関行列（または分散共分散行列）である．また $'$ は転置を表す．

これはラグランジュ未定乗数法によって解くことができる．ラグランジュ関数

$$L(\boldsymbol{v}, \lambda) = \boldsymbol{v}'(X'X)\boldsymbol{v} - \lambda(\boldsymbol{v}'\boldsymbol{v} - 1)$$

について

$$\frac{\partial L}{\partial \boldsymbol{v}} = 2(X'X)\boldsymbol{v} - 2\lambda \boldsymbol{v} = \boldsymbol{0}$$

を満たす $(\boldsymbol{v}, \lambda)$ を求める．つまり，相関行列に対する固有値問題として定式化される．

$$(X'X)\boldsymbol{v} = \lambda \boldsymbol{v} \tag{2.5}$$

ここで式 (2.5) を満たす λ は固有値，$\boldsymbol{v}$ は固有ベクトルといわれる．また，

$$\boldsymbol{y}'\boldsymbol{y} = \boldsymbol{v}'(X'X)\boldsymbol{v} = \boldsymbol{v}'\lambda\boldsymbol{v} = \lambda \tag{2.6}$$

となるので，最大固有値に対する固有ベクトルが第 1 主成分の方向を示すベクトルとなる．相関行列の固有値の大きいものから順に固有ベクトルを見つけていけば，第 2 主成分以下のベクトルを求めることができる．

以上の手順で見つけた固有ベクトルを並べて，$V = (v_1, \cdots, v_m)$ を定義すると，主成分スコア

$$Y = XV$$

が求まる．また，式 (2.6) より主成分スコアの 2 乗ノルムは固有値 λ となることから，元のデータのもつ情報が各主成分に反映される度合いは固有値の大きさによって表される．第 i 主成分の寄与率，および第 i 主成分までの累積寄与率はそれぞれ，

$$\frac{\lambda_i}{\lambda_1 + \cdots + \lambda_m}, \qquad \frac{\lambda_1 + \cdots + \lambda_i}{\lambda_1 + \cdots + \lambda_m}$$

などと表される．また，データセットが標準化されている場合，$\lambda_1 + \cdots + \lambda_m = m$ となる．

2.6 演習問題

1. rnorm (n) によって正規分布に従う n 個の乱数を発生させ，発生させた乱数の値が 1.5 を超える確率（割合）を計算せよ．なお，$\boldsymbol{x}[\boldsymbol{x} > 1.5]$ によってベクトル $\boldsymbol{x}$ から $\boldsymbol{x} > 1.5$ を満たす値だけを抽出することができる．次に，n を増やしていくと，理論値に近づくことを確かめよ．理論値は 1-pnorm (1.5) によって計算可能．
2. 二つのサイコロをふったときに，大きい値と小さい値の差の確率分布は次のように与えられる．$p(0) = 6/36, p(1) = 10/36, p(2) = 8/36, p(3) = 6/36, p(4) = 4/36, p(5) = 2/36$．$x$ を実現値ベクトル $(0,1,2,3,4,5)$，p をその確率ベクトルとし，平均，分散，標準偏差を計算せよ．
3. 株価と経済指標の月次変化率が図 2.4 のように与えられ，翌月の経済指標変化率が Eco1=2%，Eco2=1% と予想されていたとする．このとき回帰分析の結果をもとにすると，株価の月次変化率は何 % と予想されるか．

3

CHAPTER THREE

Rで時系列分析

前章で学んだRによる統計解析手法をさらに進め，本章ではRで時系列分析を行う方法について説明する．ファイナンス実務において，金利や株価，為替レートなどがどのような特徴をもって推移していくかを知ることは有益であろう．そして，可能であれば将来どのような動きを示すかを予測できればなおよいであろう．そうした分析を，サンプルデータを用いて統計的に行うのが時系列分析である．

3.1 時系列データの準備

以下のみずほ銀行のサイト（2013年8月現在）から取得可能な為替データを用いて時系列分析の説明を行う[†1]．

http://www.mizuhobank.co.jp/rate/market/historical.html

当サイトには日次の為替データファイルが二つと月次のデータが一つある．これらのファイルには外国為替公示相場（中値）のデータだけが羅列されているのだが，各種為替レートが一つのcsvファイルに収録されているので加工の手間が少なくて済む．ここでは，月次データを収録したファイルをダウンロードして議論を進めよう．

取得したファイルを作業ディレクトリに置き，csvファイルの1行目はあらかじめ削除し（図3.1）[†2]，ファイル名を"cur.csv"と変更した上で，以下のように読み込む．

[†1] Bloomberg（有料）のほか，Yahoo!ファイナンス，マネースクエアジャパン，Pacific Exchange Rate Service等のサイトなどからもさまざまなデータを取得することができる．

[†2] オリジナルデータは2行目までがデータの説明項目になっているためである．Rでは，読み込みデータの1行目はデータの説明項に当てられ，2行目以降で具体的な数値データが格納されていると仮定している．1行目から数値データを格納する場合はread.csv("cur.csv",header="FALSE")とすればよい．

図 3.1 cur.csv は 1 行目を削除する加工を施す．

```
> cur <- read.csv ("cur.csv")
```

試しに米ドルをプロットしてみよう（図 3.2）．

```
> plot (cur[,2],type="l")
```

図 3.2 米ドルのデータをプロット

分析に入る前に不要なデータの削除を行おう．今，読み込んでいるデータは 2002 年スタートのものだが，あまりに古いデータを分析に加えても，かえって結果の精度を落とすことがある．たとえば，リーマンショック以前と以後では経済の仕組みが変わっているかもしれない．このとき，2008 年以前のデータを分析に用いることが妥当かどうかは議論が分かれるところである．それではどの程度の範囲でデータを収集すればよいか，ということになるが，決定的な答えは存在せず，経験則によるところ

が大きい．今回はこの点に関する議論には踏み込まず，とりあえず 2008 年 1 月から 2011 年 12 月までの 4 年分のデータを用いることにしよう．

たとえば，2008 年 1 月から 2011 年 12 月までのデータが 70 番目から 117 番目にある場合，

```
> cur <- cur[70:117,]
```

とする．あるいは

```
> cur <- cur[-1:-69,]
```

などで不要なデータを削除していってもよい．

これで，今回の分析に用いる期間のデータだけを抽出することができた．さて，ここから具体的な時系列分析に入ることはできるのだが，R には時系列分析用のオブジェクトが用意されているのでこれを用いることにする．そのためにはまず「時系列データ」として認識されるデータへ加工する必要がある．ここでは米ドルデータについて時系列データを生成する．使用するコマンドは ts () であり，以下の書式を用いる．

```
> usdjpy <- ts (cur[,2],start=c (2008,1),frequency=12)
> usdjpy
        Jan    Feb    Mar    Apr    May    Jun    Jul    Aug    Sep    Oct
2008  107.68 107.24 100.95 102.52 104.21 106.93 106.84 109.34 106.83 100.58
2009   90.43  92.45  98.00  99.12  96.30  96.57  94.52  94.91  91.55  90.36
2010   91.23  90.37  90.54  93.42  91.70  90.93  87.75  85.51  84.37  81.93
2011   82.67  82.55  81.83  83.44  81.24  80.57  79.52  77.20  76.88  76.66
        Nov    Dec
2008   96.86  91.53
2009   89.22  89.57
2010   82.54  83.46
2011   77.61  77.88
```

最初の "cur[,2]" は cur の 2 列目を読み込むことを意味する．"start=c (2008,1)" は 2008 年 1 月スタートの時系列であることを意味する．"frequency=12" は参照データが月次であることを示している．もし年次のデータを扱う場合には "frequency=1" とすればよい．日次の営業日ベースであれば，たとえば "frequency=260" といった数字を当てることになるだろう．

3.2 モデルを当てはめる前に

時系列分析の一つの目的は，扱うデータが従うモデルを特定し，（可能であれば）そのモデルを用いて将来の値を推定することである．しかし，モデルを特定する前に

データの定常性を調べる必要がある．もし定常を仮定しているモデルに非定常なデータを用いたら，推定に誤りが生じるからである．ところで，定常とは粗く言えば時系列データの平均，分散が時点に依存せず，自己相関が時間差にのみ依存することを言う．技術的に重要なことは定常性に関する理論的な話ではなく，いかにして定常かどうかを確認するかだろう．定常性を検定するには単位根検定を行えばよいことが知られている[†3]．ただし，単位根検定で標準的に用いられる Augmented Dickey-Fuller 検定を行う関数 adf.test () を R は標準では備えておらず，パッケージ "tseries" を導入する必要がある．第1章で説明した手順に従って，"tseries" をインストールした上で adf.test() を実行してみる．

```
> adf.test (usdjpy)

        Augmented Dickey-Fuller Test

data:  usdjpy
Dickey-Fuller = -4.4548, Lag order = 3, p-value = 0.01
alternative hypothesis: stationary

 警告メッセージ:
In adf.test (usdjpy) : p-value smaller than printed p-value
```

単位根検定の帰無仮説は「単位根が存在する（非定常である）」である．p 値が非常に小さいため，「単位根が存在する」という帰無仮説は棄却してよさそうである．このとき，定常性は保証されたと考える．

さて，このように帰無仮説が棄却できる場合は問題がないが，金融時系列データは非定常である場合が多々ある[†4]．もし取得したデータが非定常だった場合に行う対処方法もほぼ決まっている．非定常なデータもその階差は定常となる場合が多いため，これを利用するのである．そのために用いられるのが diff () コマンドである．今回のように，最初から非定常の仮説が棄却された場合は必要ないが，参考までに差分をとったデータを以下のとおり作成し，これを表示する．

```
> usdjpy.diff <- diff (usdjpy)
> usdjpy.diff
        Jan   Feb   Mar   Apr   May   Jun   Jul   Aug   Sep   Oct   Nov   Dec
2008         -0.44 -6.29  1.57  1.69  2.72 -0.09  2.50 -2.51 -6.25 -3.72 -5.33
2009 -1.10  2.02  5.55  1.12 -2.82  0.27 -2.05  0.39 -3.36 -1.19 -1.14  0.35
2010  1.66 -0.86  0.17  2.88 -1.72 -0.77 -3.18 -2.24 -1.14 -2.44  0.61  0.92
2011 -0.79 -0.12 -0.72  1.61 -2.20 -0.67 -1.05 -2.32 -0.32 -0.22  0.95  0.27
```

[†3] 単位根検定とはデータが非定常（単位根過程）であるかどうか検定する方法である．
[†4] 実際，今回の米ドルデータが定常性検定にパスしたのもたまたまかもしれない．この問題はデリケートなので，実際に分析を行う際にはこの可能性も慎重に考慮すべきであるが，本書は統計の専門書ではないので，当面このまま分析を続けていくことにする．

usdjpy.diff が差分をとっていることが容易に確認できる．usdjpy が非定常の場合，この usdjpy.diff に対して再び単位根検定を行うことになる．また，以上のように単に差分をとる以外にも，対数をとって差分をとる方法などもよく用いられる．具体的には以下のようにする．

```
> diff (log (usdjpy))
```

定常性検定については Dickey-Fuller 検定だけでなく，Philips-Perron 検定も有名なので，これも行ってみる．これは PP.test () で行うことができる．

```
> PP.test (usdjpy)

        Phillips-Perron Unit Root Test

data:  usdjpy
Dickey-Fuller = -3.207, Truncation lag parameter = 3, p-value =
0.09695
```

p 値は 0.09695 と Dickey-Fuller 検定よりも大きいが，ここまでで，データ自体の解析はいったん終了し，時系列モデルへと進む．

3.3 AR モデルへの当てはめ

次に，このデータに対して当てはまりのよいモデルを模索することとする．モデルの構築には好みやさまざまな流儀があるが，もっともシンプルなモデルから出発して，当てはまりが悪ければより複雑なモデルへ進む，という方法がスタンダードだと思われる．そこで，時系列分析ではもっとも基本的なモデルである自己回帰モデル (AR: auto regressive) を検討する．これは，時系列 $\{y_t\}_{t=-\infty}^{\infty} = \{..., y_{-1}, y_0, y_1, y_2, ...\}$ に対して，

$$y_t = c + a_1 y_{t-1} + a_2 y_{t-2} + \cdots + a_n y_{t-n} + \epsilon_t \tag{3.1}$$

の関係を仮定する．ただし，$\epsilon_t \sim N(0, \sigma^2)$ は平均 0，分散 σ^2 の正規分布に従う確率変数である．また，適当な $s \neq t$ に対して，ϵ_t と ϵ_s は独立である．

AR モデルは定常性を仮定したモデルである．幸い，今回の米ドル時系列データは定常性検定にパスしたので "usdjpy" にそのまま AR モデルを当てはめてみよう．関数 ar () は所与のデータを用いて AR モデルのパラメータを算出してくれる．ここではパラメータ算出に "ols"（最小二乗法）を用いるが，ほかに "mle"（最尤法），"yw"（Yule-Walker 法），"burg"（Burg 法）を用いることも可能である．

```
> usdjpy.ar < - ar (usdjpy,method="ols")
> usdjpy.ar
```

```
Call:
ar (x = usdjpy, method = "ols")

Coefficients:
      1        2        3        4        5        6        7        8
 0.7697   0.0442  -0.1491   0.0956   0.2142  -0.2874   0.2188   0.1140
      9       10       11       12       13       14       15
-0.1374   0.3197  -0.2321   0.1621  -0.0491   0.0425  -0.1356

Intercept: -1.109 (0.7679)

Order selected 15  sigma^2 estimated as   0.9971
```

Coefficientsはモデルの係数であり，sigma^2がϵの分散である．そして，Interceptは定数項を表す．ただし，関数ar()は，$y_t - \mu = \tilde{c} + a_1(y_{t-1} - \mu) + \cdots + a_n(y_{t-n} - \mu) + \epsilon_t$を推定することに注意せねばならない（つまり，Interceptの-1.109とは$\tilde{c}$の推定値である．また，丸括弧内の0.7679は標準誤差を表す．ちなみに，その他の係数の標準誤差もusdjpy.ar\$asy.se.coefのコマンドで確認できる）．ここで，μは時系列データの平均値（たとえば，いまモデル推定に用いた時系列データを$\{Y_i; i = 1, \cdots N\}$とすると，$\mu := \sum_{i=1}^{N} Y_i/N$で定義される）であり，以下のようにして確認できる．

```
> usdjpy.ar$x.mean
[1] 91.17312
```

つまり，(3.1)の定数項cは$c = \tilde{c} + \mu(1 - \sum_{i=1}^{n} a_i) = -1.109 + 91.17312(1 - 0.7697 - 0.0442 - \cdots - (-0.1356)) = -0.2031727$となる．また，Order selectedが15となっていることから過去15時点のデータを用いてモデル値を計算している．以上より，次式のARモデルが推定されたことがわかる．

$$y_t = -0.2031727 + 0.7697 y_{t-1} + 0.0442 y_{t-2} - 0.1491 y_{t-3} + 0.0956 y_{t-4} + 0.2142 y_{t-5}$$
$$- 0.2874 y_{t-6} + 0.2188 y_{t-7} + 0.1140 y_{t-8} - 0.1374 y_{t-9} + 0.3197 y_{t-10} - 0.2321 y_{t-11}$$
$$+ 0.1621 y_{t-12} - 0.0491 y_{t-13} + 0.0425 y_{t-14} - 0.1356 y_{t-15} + \epsilon_t \tag{3.2}$$

このようにしてARモデルの構築はできるが，次にこのモデルの精度について検討していこう．

　直感的な精度の基準は，ARモデルによって推定した時系列データと実際のデータとの当てはまりのよさだろう．まず，いま構築したARモデルを用いて再現した時系列と実際の時系列との間の残差を見てみる．\$residにより，ARモデルからモデル値と実際のデータとの残差を抽出できる．

```
> usdjpy.ar$resid
              Jan          Feb          Mar          Apr          May          Jun
2008           NA           NA           NA           NA           NA           NA
2009           NA           NA           NA  -0.07348799  -0.85419064  -0.04074737
2010   1.10254679   0.02583278   0.10554996   2.53337860  -0.13537828  -0.01065447
2011  -1.37167714  -1.28191285   0.27122117   1.12089844  -0.76038185   0.43669434
              Jul          Aug          Sep          Oct          Nov          Dec
2008           NA           NA           NA           NA           NA           NA
2009  -0.88340826   1.39286824  -0.91985602   1.07014454  -0.36334365   1.85232113
2010   0.22396354  -1.86639830  -0.83735955  -1.85964738  -0.57546333   0.70081712
2011   0.28685513  -0.88394756  -0.22629581   0.65761416   0.76231099   0.40113352
```

2008年1月から2009年3月までのデータが "NA" になっているのは，式 (3.1) より最初の 15 個分のデータを用いて 16 個目（2009年4月）以降の時系列の推定がなされているからである．この残差は図 3.3 のように図示される[†5]．

```
> plot (usdjpy.ar$resid)
```

また，モデル値は図 3.4 のようになる．

```
> plot (usdjpy)
> points (usdjpy-usdjpy.ar$resid)
```

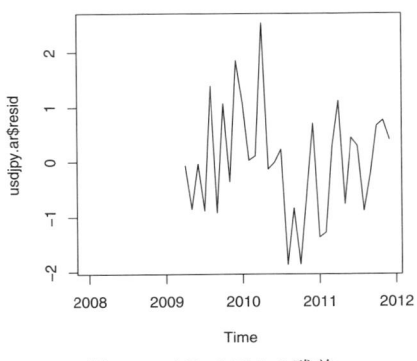

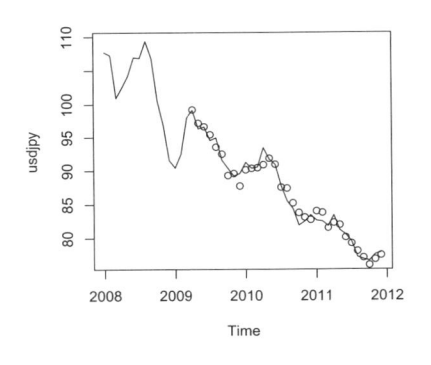

図 3.3　AR モデルの残差　　　図 3.4　米ドル為替レートと AR モデル値

3.3.1　残差解析

図 3.4 からサンプルデータとモデルによる推定値との当てはまりがよいことがわかるだろう．ただし，プロットされた図を見るだけでは直感的にしか精度の良し悪しを

[†5] 時系列オブジェクトを plot() で図示する場合，自動的にオブジェクトが時系列であることが認識される．これは特に時系列をプロットするために作られた関数 ts.plot() や plot.ts() を使うことに等しい．

判断できない．そこで残差解析を行い，統計的に当てはまりのよさを確認しよう．

もし正しく分析がなされていたのであれば（すなわち，正しく自己回帰係数が推定されていれば），AR モデルの残差

$$\epsilon_t = y_t - a_1 y_{t-1} - a_2 y_{t-2} - \cdots - a_n y_{t-n} - c$$

は平均ゼロの正規分布に従い，自己相関はゼロとなるはずである．そこで，正規性を検定する Jarque-Bera 検定と自己相関を検定する Ljung-Box (Box-Pierce) 検定を行う．これらの検定は残差に対して行うものなので，今の場合 "usdjpy.ar$resid" に対して行う．ただし，残差は最初の 15 個のデータが欠損値となっているので，あらかじめこれらの欠損値は除去しておく必要がある．Jarque-Bera 検定は jarque.bera.test() によって以下のように行う．

```
> jarque.bera.test (usdjpy.ar$resid[16:48])

        Jarque Bera Test

data:  usdjpy.ar$resid[16:48]
X-squared = 0.4117, df = 2, p-value = 0.814
```

p 値は 0.814 と高い．よって，Jarque-Bera 検定の帰無仮説である「分布は正規分布である」は棄却できない．次に，Ljung-Box 検定も行ってみる．これは関数 Box.test () で行うことができる．

```
> Box.test (usdjpy.ar$resid[16:48],lag=30,type="Ljung")

        Box-Ljung test

data:  usdjpy.ar$resid[16:48]
X-squared = 19.2901, df = 30, p-value = 0.9337
```

ここでは lag=30 を指定することで 30 次にわたって「自己相関がない」という帰無仮説に対する検定をしてみた[†6]．特に lag を指定しない場合は 1 次の自己相関がゼロかどうかが検定される．p 値は非常に大きいので，仮説を棄却するのは難しそうである．すなわち，「残差に自己相関がない」と主張してよさそうである．

3.3.2 予測

以上でモデル値とサンプルデータの当てはまりについて確認できた．次は，このモ

[†6] われわれはいま "usdjpy.ar$resid" に 33 個の残差データをもっているので，最大で lag=32 まで指定して検定することができる．また，より慎重に残差検定を行いたい場合は，さまざまな次数で Ljung-Box 検定を行うとよいだろう．たとえば，usdjpy.ar に対して lag=10 で検定した場合，p 値は 0.2293，lag=20 で検定した場合，p 値は 0.5819 と，いずれの場合でも仮説を棄却できないことが確認できる．

デルを使って将来値の予測を行ってみる．予測値を計算するためには predict () を用いる．

```
> pred.usdjpy <- predict (usdjpy.ar,n.ahead=10)
> #n.ahead で予測する期間の長さを指定する
> pred.usdjpy
$pred
          Jan      Feb      Mar      Apr      May      Jun      Jul      Aug
2012 76.89826 77.24362 75.68040 75.43595 74.42215 73.50346 73.17932 72.21763
          Sep      Oct
2012 72.28961 71.83807

$se
           Jan       Feb       Mar       Apr       May       Jun       Jul
2012 0.9985425 1.2600945 1.4113716 1.4601835 1.4901095 1.5531066 1.5704598
           Aug       Sep       Oct
2012 1.6034919 1.6531377 1.6954687
```

もともとのデータは2011年12月までのデータだったので，予測値は2012年1月からスタートしている．pred.usdjpy の中身は予測値$pred と標準誤差$se の二つからなる．こうして計算した予測値と実際の為替レートとがどの程度当てはまるか，以下のようにして確認してみる．

```
> #改めて，為替データを呼び出す
> cur2 <- read.csv ("cur.csv")
> #2012年1月以降の米ドルデータを抽出する．今の例では118行目以降
> usdjpy.ft <- ts (cur2[118:127,2],start=c (2012,1),frequency=12)
> #米ドルデータをプロットする
> plot (usdjpy.ft,type="l",ylim=c (70,85))
> #ylim=c (70,85)で縦軸の範囲を指定
> #AR による予測値をプロットする
> points (pred.usdjpy$pred)
```

図3.5は実際のデータとARモデルによる予測値をプロットしたものだが，残念ながら十分に精度の高い予測値とは言えない．ARモデルによれば，ドル円為替レートは2012年以降一貫して低下し，70円前半までの下落を予測しているが，実際のドル円は80円台まで回復している．そこで，次にどうすべきか以下の選択肢について検討してみよう．

1. 時系列モデルによる予測を断念する．
2. ARモデルの精緻化を試みる．
3. ARモデル以外のモデル構築を試みる．

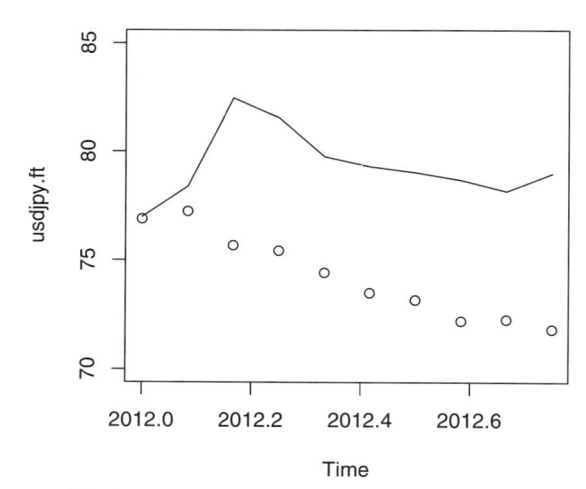

図 3.5 実際のデータ（線分）と AR モデルによる予測値（点）．横軸の目盛は 2012 年 1 月を起点として 2012 年末を 1 とする時系列．たとえば，2012 年 1 月は 2012.0，2012 年 10 月は 2012.75 といった具合である．

1 つ目の選択肢だが，現実の経済変数がさまざまな個別事象に依存し，突発的な政治イベントや天災などの影響がある中で，時系列モデルで数理的に予測するにはそもそも無理がある，と考えれば妥当と言える．そこで，正確な予測の代わりに予測値の 90% 信頼区間などを算出し，その区間に実際の値が入るかどうかを検討することなどもしばしばなされる．

2 つ目の AR モデルの精緻化についてだが，理論的な「精緻」という意味では上の議論でほぼ尽くされているので，次に考えられるのは精緻化というよりは試行錯誤の領域に属する．たとえば，R の関数 ar () は特に指定しない限りラグの次数を赤池情報量規準 (AIC: Akaike information criteria) と呼ばれる統計量を最小化するように自動的に決めてくれる．理論的には AIC を最小化にするような次数がモデル上は妥当とされている．上の例では式 (3.2) に示したように次数は 15 となっているが，これは次数 15 で AIC が最小となっていることを意味する[†7]．AR モデルの次数は以下のように確認できる．

```
> usdjpy.ar$order
[1] 15
```

また，AIC は以下のようにして確認できる．

```
> usdjpy.ar$aic
         0          1          2          3          4          5          6
185.255554  50.325732  49.400622  46.437895  40.162279  36.952526  34.209806
         7          8          9         10         11         12         13
 30.680649  23.841928  20.050445  21.187399  23.030199   8.274693   8.476983
```

[†7] 端的に言えば，AIC が示すのはモデルのパラメータ数とモデルのもっともらしさ（尤度）の関係である．

3.3 AR モデルへの当てはめ

```
          14           15           16
    7.464681     0.000000     2.723959
```

15 次のところで，ちょうど AIC がゼロになっており，確かに次数 15 が AIC から見て妥当であることが確認できる．しかし，AIC 規準で最適な次数というのはモデルとしては複雑になりすぎ，予測をする上でパフォーマンスが悪化することがよく起こる（これをオーバーフィッティングと呼ぶ）．実務的には AIC を参照しつつも，モデルの次数を下げるということがしばしばなされる．ただし，どの程度次数を下げるかについては理論的な根拠はなく，あくまで経験的な感覚でしかない[8]．また，AIC による次数は当てはまりという意味では最適であるため，次数を下げた場合にはモデル値とサンプルデータとの当てはまりは悪くなる．

ここでは，次数を 2 次に固定して AR モデルの再構築を行ってみる．手順は先ほどとほぼ同じだが，関数 ar () において次数を "order.max=2" として制限しておく．

```
> #次数を2で制限してAR推定値を生成する
> usdjpy.ar2 <- ar (usdjpy,method="ols",order.max=2)
> #2012年1月以降米ドルデータをプロットする
> plot (usdjpy.ft,type="l",ylim=c (70,85))
> #AR (2) による予測値をプロットする
> pred.usdjpy2 <- predict (usdjpy.ar2,n.ahead=10)
> points (pred.usdjpy2$pred)
```

図 3.6 を見ると，次数を 2 に抑えたことで予測値の水準は実際の値に大分近づいている．しかし，このように次数を調整する方法はあくまでテクニカルな領分であり，学問的な妥当性は特にない．そこで，次に AR から発展したその他のモデルへの応用

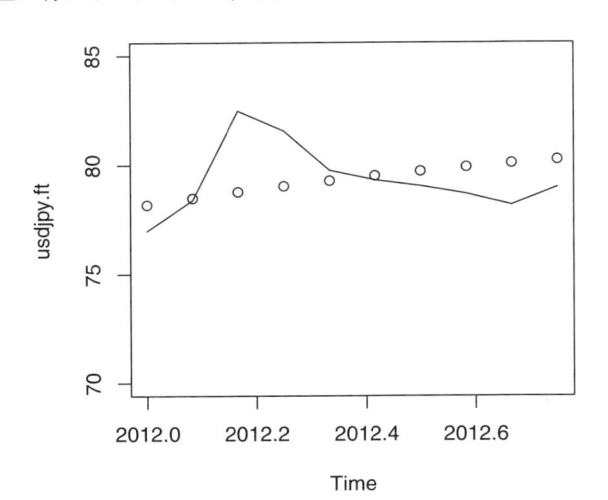

図 3.6 次数を 2 とした AR モデルによる予測値（点）と実際のデータ（線分）

---

[8] 対象とするデータにもよるが，多くの場合 1 次の AR でも十分な場合が多く，次数を増やしても 2 次か 3 次程度まで．逆にそれ以上の次数でモデルを構築した場合，信頼しがたい予測値が計算されることが多いようだ．

3.4 AR モデル以降

3.4.1 ARMA への当てはめ

　前節で見たとおり，残差解析の結果では AR モデルの精度は悪くなさそうだったが，予測の精度はよくなかった．AR の次数を下げることで予測の精度を上げることができる場合はあるが，どの次数にすれば予測モデルとしてよいかを判定するのには試行錯誤を要する（実際できるのかどうかもわからない）．そこで，AR から発展したモデルを用いて結果の改善を図ることも一案である．

　ここでは自己回帰移動平均モデル (ARMA: auto regressive moving average) を用いてみる．ARMA (p,q) は以下で与えられる．

$$y_t = c + \sum_{i=1}^{p} a_i y_{t-i} + \sum_{j=1}^{q} b_j \epsilon_{t-j} + \epsilon_t$$

第 3 項の $\sum_{j=1}^{q} b_j \epsilon_{t-j}$ 以外は AR と同じであることがわかるだろう．ARMA を用いる基本的なモチベーションの一つは，AR では大きくなりすぎる次数を減らすことにある．前節の分析で AR モデル推定を行った際，その次数は 15 次だった[9]．ARMA モデルによって次数を減らすことができる理論的な根拠は単純で，そもそも AR と MA は交換可能であり[10]，所与の AR モデルと MA モデルは互いに書き換え可能であることから，AR と MA の複合モデルである ARMA も両者から書き換え可能であることを利用しているのである．

　R で ARMA モデルを構築する際には arima () を用いる．ここで ARIMA (auto regressive integrated moving average) とは自己回帰和分移動平均モデルのことである．われわれが今回分析に用いているデータ usdjpy は定常なので問題はないが，先述したとおり金融時系列データはしばしば定常ではない．しかし，データの差分をとった場合に定常となることも多い．そのような場合，この差分をとった過程[11] に対して ARMA を適用することになる．これを ARIMA という．たとえば，1 次の和分過程に対する ARIMA は以下のように書かれる．

---

[9] このことはある時点での為替レートの説明に 1 年 3 カ月前のデータも明示的な影響を与えていることを意味し，違和感をもつ人も多いのではないだろうか．

[10] MA とは移動平均モデルのことで，以下で特徴付けられるモデルである．

$$y_t = c + \sum_{j=1}^{q} b_j \epsilon_{t-j} + \epsilon_t$$

つまり，ARMA から $\sum_{i=1}^{p} a_i y_{t-i}$ を除いた部分で構成されるものである．

[11] $d-1$ 階以下の差分をとった系列は非定常過程であるが，d 階差分をとった系列が定常過程となるとき，その過程は d 次和分過程 (integrated process) と呼ばれる．

$$\Delta y_t = c + \sum_{i=1}^{p} a_i \Delta y_{t-i} + \sum_{j=1}^{q} b_j \epsilon_{t-j} + \epsilon_t$$

階差は任意の次数をとることができ，階差次数が d の場合 ARIMA (p,d,q) と書く．よって，ARIMA (p,0,q) は ARMA (p,q) にほかならない．

ここで問題となるのは ARMA モデルにおける次数 p,q の組合せであるが，残念ながら t.series パッケージではこの組合せを自動的に求める機能はない．そこで，逐次的に AIC を算出し，これを最小にするような (p,q) を求める必要がある．基本的には逐次的に ARIMA の次数を変えて AIC を計算し，AIC が最小化するような次数を求めてやればよい．たとえば以下のようなプログラムを組んでみるとよい．

```
for (i in 0:4)
{
 for (j in 0:3)
 {
  #usdjpy に ARIMA (i,0,j) を当てはめる
  tmp <- arima (usdjpy,order = c (i,0,j))
  #計算した ARIMA モデルから AIC を抽出して表示する
  cat ("ORDER=(",i,",",j,"),AIC=",tmp$aic,"\n")
  #"\n"は改行を示すオプション
 }
}
```

計算を実行してみると，ARIMA (1,0,2) がよさそうである[†12]．これは大幅に推定パラメータが減ったことを意味しており，モデルとしてよさそうである．ARMA モデルのパラメータを推定した後，サンプルデータとモデルによる推定値をプロットしてみる．

```
> usdjpy.arima <- arima (usdjpy,order=c (1,0,2))
> plot (usdjpy,type="l")
> points (usdjpy-usdjpy.arima$resid)
```

図 3.7 で確認できるとおり，おおよその当てはまりは悪くなさそうである．同じことなのでここでは省くが，残差検定は前節で説明した手順で行うことができる．ARMA モデルによる予測値は図 3.8 のようになる．

```
> #2012 年 1 月以降米ドルデータをプロットする
> plot (usdjpy.ft,type="l",ylim=c (70,85))
> #ARIMA (1,0,2) による予測値を計算しプロットする
> pred.usdjpy.arima <- predict (usdjpy.arima,n.ahead=10)
> points (pred.usdjpy.arima$pred)
```

[†12] forecast ライブラリーに収録されている関数 auto.arima () を用いれば，最適な次数を自動で計算してくれるが，計算の中身は結局同じように逐次計算をしているだけである．

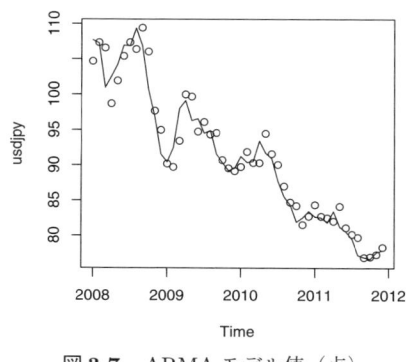

図 3.7　ARMA モデル値（点） 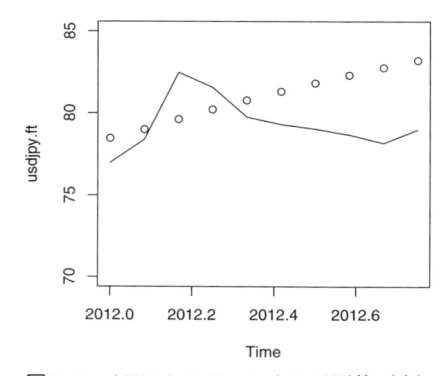　　図 3.8　ARMA モデルによる予測値（点）

ARMA モデルによって比較的低位の次数でモデルを構築できた．しかし，ARMA モデルの方が常に AR モデルよりも優位ということはなく，基本的にはモデルが単純で済むならばそのほうがよい．そのことを勘案しつつモデル作りを行うことが分析の基本的な姿勢となる．このほか，単変量を扱う時系列モデルとしては GARCH などもよく用いられるが，本書では割愛して多変量モデルへと進む．

3.4.2　VAR への当てはめ

関連がありそうな複数の金融時系列を同時にモデル化する場合に多変量自己回帰モデル (VAR: vector auto regressive) がよく用いられる．基本的には AR を多変量のベクトルに形式的に拡張したもので，以下のように与えられる（ここでは n 変量の金融時系列を考える）．

$$\mathbf{y}_t = \mathbf{c} + \mathbf{\Phi}_1 \mathbf{y}_{t-1} + \mathbf{\Phi}_2 \mathbf{y}_{t-2} + \cdots + \mathbf{\Phi}_p \mathbf{y}_{t-p} + \boldsymbol{\epsilon}_t$$

ここで，$\mathbf{\Phi}_i$ は $n \times n$ 次元行列，$\mathbf{y}_i$, $\mathbf{c}$ および $\boldsymbol{\epsilon}_t \sim N(\mathbf{0}, \Omega)$ は n 次元ベクトル，また $\mathbf{0}$ はすべての要素をゼロとする n 次元ベクトル，Ω は $n \times n$ の分散共分散行列である．

R には VAR モデル向けの vars パッケージがあり，こちらのほうが tseries パッケージより新しいのだが，ここでは引き続き tseries で VAR モデルを使ってみる[†13]．前節までわれわれはドル円為替レートを用いて時系列分析を行ってきた．ここからは複数の時系列データを用いて分析を行ってみる．たとえば米ドルに加えて，英ポンドとユーロを用いた分析を行ってみよう．われわれがダウンロードした csv ファイルの 2 列目が米ドルだったが，英ポンドは 3 列目，ユーロは 4 列目に配置されているので，これらを元に関数 ts() を用いて時系列オブジェクトの作成から始めよう．

```
> cur.mul <- ts(cur[,2:4],start=c(2008,1),frequency=12)
```

[†13] vars パッケージは推定値の信頼区間やインパルス応答も容易に計算できるなど，利便性も高いパッケージとなっている．使い方はほとんど tseries と変わらないので興味ある読者は試してみてほしい．

米ドルの定常性は担保できているが，英ポンドとユーロの定常性は担保できていないので，Dicky-Fuller 検定と Phillip-Perron 検定を行う．

```
> adf.test (cur.mul[,2]) #英ポンドに対する Dicky-Fuller 検定
> adf.test (cur.mul[,3]) #ユーロに対する Dicky-Fuller 検定
> pp.test (cur.mul[,2]) #英ポンドに対する Phillip-Perron 検定
> pp.test (cur.mul[,3]) #ユーロに対する Phillip-Perron 検定
```

英ポンドに対する Dickey-Fuller 検定の結果は以下のとおりだった．

```
        Augmented Dickey-Fuller Test

data:  cur.mul[, 2]
Dickey-Fuller = -2.651, Lag order = 3, p-value = 0.3141
alternative hypothesis: stationary
```

p 値は 0.31 とあり，帰無仮説を棄却できそうもない．その他の結果も同様であったので，そのままでは必ずしも定常性は担保されてないと考えたほうがよさそうである．そこで，データの差分をとった上で改めて定常性検定を行ってみる．

```
> cur.mul.diff <- diff (cur.mul)
> adf.test (cur.mul.diff[,1])
> adf.test (cur.mul.diff[,2])
> adf.test (cur.mul.diff[,3])
> pp.test (cur.mul.diff[,1])
> pp.test (cur.mul.diff[,2])
> pp.test (cur.mul.diff[,3])
```

結果はいずれも p 値が 0.01 以下となり，定常性の確認ができる．そこで，以下の分析においてはこの差分データ cur.mul.diff を用いる．

tseries パッケージで VAR を行う場合は，AR とまったく同じ要領で関数 ar () を用いればよい．

```
> #VAR による推定
> cur.var <- ar (cur.mul.diff,method="ols")
```

上のコードを見ていただければわかるように，AR の場合と変わるところはない．さて，これを実行すると以下のような結果が出力されるだろう．

```
> cur.var

Call:
ar (x = cur.mul.diff, order.max = 1, method = "ols")
```

```
$ar
, , 1

         USD     GBP     EUR
USD   0.05205 0.05381 0.08233
GBP  -0.43034 0.26622 0.58728
EUR  -0.49151 0.05557 0.46513


$x.intercept
      USD       GBP       EUR
-0.005062 -0.040613 -0.046250


$var.pred
      USD    GBP    EUR
USD 4.731  7.462  5.032
GBP 7.462 26.930 18.441
EUR 5.032 18.441 19.071
```

また、`cur.var$x.mean` を計算すると、

```
> cur.var$x.mean
      USD        GBP        EUR
-0.6340426 -1.9242553 -1.1853191
```

となる．つまり以下のようなモデルが推定されたことを意味する．

$$\begin{pmatrix} \Delta\mathrm{USD}_{t+1} - (-0.6340426) \\ \Delta\mathrm{GBP}_{t+1} - (-1.9242553) \\ \Delta\mathrm{EUR}_{t+1} - (-1.1853191) \end{pmatrix} = \begin{pmatrix} -0.005062 \\ -0.040613 \\ -0.046250 \end{pmatrix}$$

$$+ \begin{pmatrix} 0.05205 & 0.05381 & 0.08233 \\ -0.43034 & 0.26622 & 0.58728 \\ -0.49151 & 0.05557 & 0.46513 \end{pmatrix} \begin{pmatrix} \Delta\mathrm{USD}_{t} - (-0.6340426) \\ \Delta\mathrm{GBP}_{t} - (-1.9242553) \\ \Delta\mathrm{EUR}_{t} - (-1.1853191) \end{pmatrix} + \begin{pmatrix} \epsilon_t^1 \\ \epsilon_t^2 \\ \epsilon_t^3 \end{pmatrix}$$

ここで，$\begin{pmatrix} \epsilon_t^1 \\ \epsilon_t^2 \\ \epsilon_t^3 \end{pmatrix}$ は平均ゼロ，分散共分散行列 $\begin{pmatrix} 4.731 & 7.462 & 5.032 \\ 7.462 & 26.930 & 18.441 \\ 5.032 & 18.441 & 19.071 \end{pmatrix}$ の正規分布に従う確率変数である．

次に，このようにして推定したモデルによるプロット図を見てみよう．ここでは英ポンドの実際のデータとモデルによる推定値をプロットしてみる．

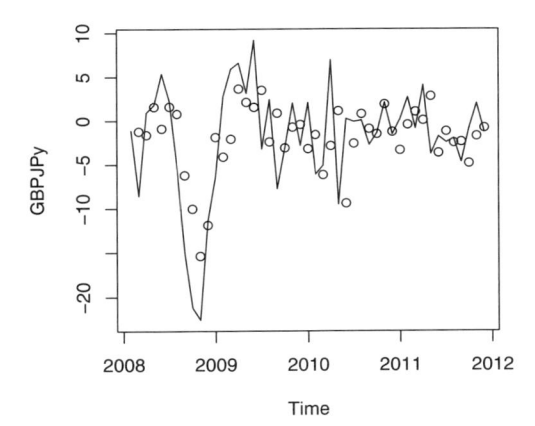

図 3.9 VAR モデルによる値（点）と実際のデータ（線分）

```
> plot (cur.mul.diff[,2],type="l",ylab="GBPJPY")
> points (cur.mul.diff[,2]-cur.var$resid[,2])
```

差分データで見ているためでもあるが，プロット図からモデルのあてはまりを見てとるのは難そうである（図 3.9）．次に，残差検定を行ってみよう．最初に Jarque-Berra 検定を行う．

```
> jarque.bera.test (cur.var$resid[2:47,2])

        Jarque Bera Test

data:  cur.var$resid[2:47, 2]
X-squared = 1.0553, df = 2, p-value = 0.59
```

p 値が大きく，「分布は正規分布である」という帰無仮説は棄却されない．次に，Ljung-Box 検定も行ってみる．

```
> Box.test (cur.var$resid[2:47,2],lag=30,type="Ljung")

        Box-Ljung test

data:  cur.var$resid[2:47, 2]
X-squared = 32.2714, df = 30, p-value = 0.355
```

結果は p 値が 0.355 と高く，「自己相関がない」という帰無仮説は棄却できない[14]．そこで残差検定はパスしたと考え，次に予測値の計算も行ってみる．

```
> pred.cur.var <- predict (cur.var,n.ahead=10,se.fit=FALSE)
```

---

[14] 多少 p 値が低くなる次数もあるが，基本的にはその他の次数でも p 値は高く，帰無仮説は棄却できない．

基本は AR のときと同じ要領なのだが，予測値を計算する個所で関数 predict () の引数に "se.fit=FALSE" を指定している点が異なる．これは関数 predict () がそのままでは多変量の場合の標準誤差推定に対応していないことによる．ここでは機械的に"FALSE" を指定しておく．これをそのままプロットすれば，米ドル，英ポンド，ユーロの 3 通貨の予測値が同時に図示される（図 3.10）．

```
> plot (pred.cur.var,type="l")
```

pred.cur.var

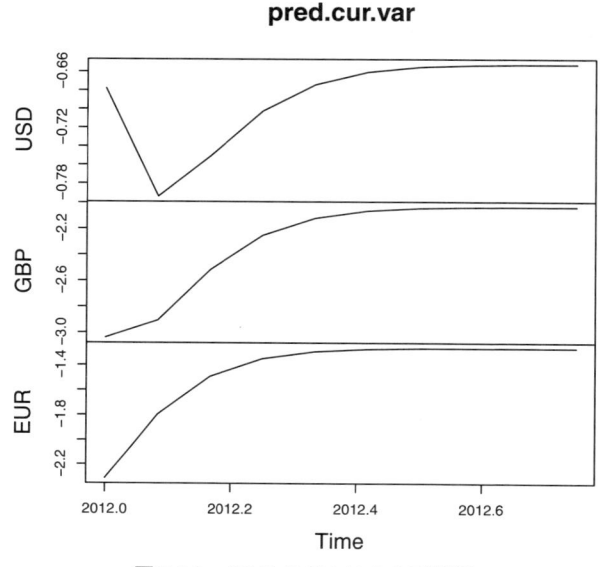

図 3.10　VAR モデルによる予測値

実際のデータとの比較を行ってみればわかるが，残念ながら今回は良好な予測が得られなかった．VAR は複数の経済変数を扱うモデルのため，推定パラメータも多くなり，しばしばよい結果を得るのが難しくなるのである．しかし，逆に複雑ゆえに工夫の余地は非常に多く，若干の試行錯誤を要するものの，やり方次第で精度を上げることは可能である．たとえば，モデルに用いる時系列の組合せを変える（米ドル，豪ドル，カナダドルに変えるなど），パラメータのいくつかをゼロに制限する，データを標準化する等々である．そうした工夫の多くは統計学的な根拠に基づくというより，経験則や試行錯誤の産物である[15]．しかし，それでも VAR を積極的に用いる動機は

---

[15] 基本的には自然なイメージを逸脱しないように心掛ければよいだろう．たとえば，AR モデルで次数をあまり上げないように，といったことを先に述べたが，これは為替レートが 1 年や 2 年も前のレートに依存していると考えるのが不自然に感じるといったことが背景にある．あるいは為替レートだけではなく GDP と物価上昇率なども用いて VAR モデルを構築したいとき，GDP そのものではなく GDP 成長率を用いるといったことがよくなされる．これは単位が 100 兆円規模の GDP とパーセントの物価上昇率を同時にモデルに組み込むことには無理を感じるからだ．こうしてある種の不自然さを排除した後は「できることはなんでもやる」しかない．たとえば，次数を 3 次まで許容すると方針を決めたら，1 次，2 次，3 次と次数を上げて精度を比較してみる．変数の候補が決まったなら，その中からあらゆる組合せを試してみる，といったことだ．

ある．それはVARを用いることで異なる変数間の関係を明示的に議論できるからである．たとえば，米ドルの変化が英ポンドやユーロに及ぼす影響や英ポンドがその他の通貨に及ぼす影響などもVARの下では数理的に計算することができる[†16]．

3.4.3　共和分

最後に共和分について概説し，この節を終えよう．共和分はモデルというより，定常性を確保するために用いられる道具であるが，複数の金融時系列を用いるという点からVARと並列して議論する．

多くの時系列モデルはサンプルデータの定常性を仮定して構築されている．それゆえ，時系列データにモデルを当てはめる前にその定常性がテストされ，定常性検定にパスしなかった場合，データを加工しなければならない．最も一般に行われる工夫は差分 $\Delta y_t = y_t - y_{t-1}$ をとることである．共和分はこの拡張である．具体的には，差分を時間に関してとるのではなく，資産間に関してとることで構成した時系列が定常なとき，これを共和分過程と呼ぶ．たとえば，時系列 $\{y_t; t=1,\cdots,T\}$ のほかに，$\{z_t; t=1,\cdots,T\}$ があったとしよう．両者はそれぞれ1次の和分過程，すなわち時間に関して1階の差分をとれば定常となる過程であるとする．このとき，ある定数 α に対して

$$x_t = y_t - \alpha z_t \tag{3.3}$$

として構成した時系列 $\{x_t; t=1,\cdots,T\}$ が定常であるような時系列を共和分過程という[†17]．

さて，われわれのもつサンプルデータでは英ポンドとユーロが和分過程（そのままでは定常ではないが，階差をとることで定常）だった．そこで，英ポンドとユーロが共和分の関係にあるかどうか検定してみよう．共和分検定にはPhillips-Ouliaris検定やJohansenの共和分検定などが知られている．Rではいずれも行うことができるが，Johansenの共和分検定を行うためには新たにurcaパッケージを導入する必要がある（urcaは単位根 unit root 検定と共和分 cointegration 検定のために開発されたパッケージである．また，urcaパッケージにおいて共和分検定を行うのであれば，ca.jo () 関数を使うとよい）．Phillips-Ouliaris検定であれば，本章においてわれわれがすでに導入済みのtseriesパッケージに含まれているpo.test () 関数を用いて行うことができる．英ポンドとユーロについて試してみよう．

```
> gbpeur <- ts (cur[,3:4],start=c (2008,1),frequency=12)
> po.test (gbpeur)
```

[†16] 本書では説明しないが，このような変数間の影響はインパルス応答と呼ばれる概念によって計算される．前にも述べたように，インパルス応答についてはvarsパッケージを導入すれば簡単に計算できるので，興味ある読者は試みられたい．

[†17] $x_t = y_t - \alpha z_t - \beta$ で定義される x_t が定常であるときにも，y_t, z_t は共和分と言うことがある．

```
                    Phillips-Ouliaris Cointegration Test

data:   gbpeur
Phillips-Ouliaris demeaned = -9.8289, Truncation lag parameter = 0,
p-value = 0.15
```

警告メッセージ:
```
In po.test (gbpeur) : p-value greater than printed p-value
```

Phillips-Ouliaris検定の帰無仮説は「対象データに共和分関係はない」というものである．p値は0.15で，警告メッセージでp値が実際にはより大きいものである可能性も示唆されていることを勘案すると，この場合は帰無仮説を棄却しないほうがよいだろう．したがって，英ポンドとユーロとは共和分関係にあるとはいえない．

われわれは米ドル，英ポンド，そしてユーロのほかにも多くの通貨データがあるので，上と同じようにして共和分にある通貨を探すことができる．われわれのサンプルデータを用いて逐次的に共和分検定を行ったところ，米ドルとサウジアラビアリヤルが共和分関係であった（p値は0.01）．そこで，米ドルとサウジアラビアリヤルが共和分関係にあるとして[18]，式(3.3)における係数αを求める．x_tが定常である前提の下で，y_tをz_tで回帰すればαは求まる．回帰分析の節で説明したように，関数lm()を用いて回帰分析する．

```
> #米ドルとサウジアラビアリヤルからなるデータフレームを構成する
> usdsar <- data.frame (USD=cur[,2],SAR=cur[,24])
> reg <- lm (USD~SAR,data=usdsar) #USDをSARで回帰する
```

推定の結果は以下のとおりである．

```
Call:
lm(formula = USD ~ SAR, data = usdsar)

Coefficients:
(Intercept)        SAR
 -0.005491      3.749024
```

すなわち，以下が推定された．

$$x_t = y_t - 3.749 z_t \tag{3.4}$$

切片の-0.005491はx_tの平均と解釈できる．実際，この推定が正しいものかどうか以下で確認しよう．

---

[18] ただし，サウジアラビアリヤルは米ドル同様に0次の和分過程だったので，厳密に言えば，以下の分析にはあまり意味がないかもしれない．ここでは，Rを用いた分析の方法を説明するためにこのまま両データを使うこととする．

```
> #回帰分析の結果が正しいものかどうかを確認する
> x <- ts (usdsar$USD-reg$coeff[2]*usdsar$SAR,start=c (2008,1),frequency=12)
> adf.test (x)
```

結果は以下のとおりである.

```
        Augmented Dickey-Fuller Test

data:  x
Dickey-Fuller = -3.124, Lag order = 3, p-value = 0.1299
alternative hypothesis: stationary
```

p 値は 0.1299 と十分小さいとは言えない.今度は Phillips-Perron 検定を行ってみよう.結果は以下のとおりである.

```
> pp.test(x)

        Phillips-Perron Unit Root Test

data:  x
Dickey-Fuller Z (alpha) = -4.7305, Truncation lag parameter = 3,
p-value = 0.01
alternative hypothesis: stationary
```

　警告メッセージ：

In pp.test (x) : p-value smaller than printed p-value

今度は十分小さい p 値が得られた.十分満足のいく結果とは言えないが,次に作業を進める場合,式 (3.4) に従って構成した新しいデータセット $\{x_t : t = 1, \cdots, T\}$ を用いて x_t が従うモデルを推定することになる.それは,前節までで議論した AR や ARMA 等のモデルを使うことになる.やり方はまったく同じなので,興味ある読者は各自で試みられたい.

3.5　時系列分析のファイナンスへの応用例：ペアトレーディング

　時系列分析をファイナンス実務で応用する機会はさまざまであるが,本章の最後でその一例であるペアトレーディングと呼ばれるトレーディング技法について議論したい.ペアトレーディングは,JP モルガンの Tartaglia のグループが開発したものであ

り，たとえば同業種の2つの株式価格の差や比率などがある水準に回帰していくことを仮定したトレーディング手法である[19]．金融資産取引によってポジションをとる際の基本として，当該資産（あるいはその組合せ）が平均回帰的なのかあるいはなんらかの強いトレンドをもつのか，ということを考える必要がある[20]．

ところで，これまでわれわれが議論してきた定常性という概念は，実は長期的には平均水準に回帰するということを含意している．たとえばARモデル $y_t = c + a_1 y_{t-1} + \epsilon_t$ の場合（定常性 $|a_1| < 1$ を仮定），平均回帰水準は $\mu = c/(1-a_1)$ である．実際，この μ によりARモデルは

$$y_t - \mu = a_1(y_{t-1} - \mu) + \epsilon_t$$

のように書き換えられる．このように，定常過程にはなんらかの平均回帰水準の存在が期待されるのだが，ペアトレーディングは共和分の定常性に着目したトレーディング手法である．たとえば，二つの資産 y_t, z_t がそれぞれ非定常であっても，両者の間には共和分が存在し，

$$x_t = y_t - \alpha z_t$$

で定義される x_t が定常であれば，この過程はなんらかの平均回帰水準に回帰していくはずである．ペアトレーディングを行う場合，ある平均回帰水準から乖離しているタイミングを見計らって，資産 y_t の1単位保有（または空売り）に対し資産 z_t の α 単位空売り（または保有）を組み合わせ，これが平均回帰水準に達したときに y_t を売却（もしくは買い戻し）すると同時に，z_t を買い戻す（または売却する）ことで利益を確定するものである．

原理的にはこれだけのことなのだが，実際にこれを執行するためにはクリアすべき課題が2つある．1つは平均回帰水準を具体的にどう求めるかという問題である．たとえば，前節の米ドルとサウジアラビアリヤルの例であれば，米ドル1単位の保有（もしくは売り）に対してサウジアラビアリヤルは-3.749単位の売り（もしくは保有）を行うことが必要となるが[21]，そのためにはまず平均回帰水準を推定して，今が売りのタイミングなのか買いのタイミングなのかを決めなければならない．そして，平均回帰水準を計算するためには，ペアの過程である x_t になんらかのモデルを適用し，このモデルから正しく平均回帰水準を計算する必要がある[22]．もう一つの課題は，どのタイミングで取引を開始するかである．いま，平均回帰水準がわかっているのであ

---

[19] さらに，二つの資産を複数資産に拡張した統計的裁定 (statistical arbitrage) と呼ばれる手法もある．この手法についての研究も盛んで，近年では Avellaneda, M. and Lee, J.(2010), "Statistical Arbitrage in the U.S. Equities Market", Quantitative Finance, 10, pp.761-782 などがある．

[20] 基本的には，平均回帰的かトレンドをもつのかという観察（信念）をベースに，トレーディングの方針は決められるが，もちろんほかにも注意を払うべきことはある．たとえば，経済全体が好景気なのか不景気なのか，ボラティリティは高いのか低いのか，といった点である．特に，ボラティリティの変化は社会・経済の枠組みの変動を反映することもあると言われ，注意せねばならない．

[21] 為替レートはそれ自体がペア（ここでいう米ドルは米ドルと日本円の，そしてサウジアラビアリヤルと日本円のペア）であるから，一般的にはペアトレーディングの対象となることは少ない．

れば，取引を終了する時点はペアが平均回帰水準に達したときである．その一方，取引を開始する時点は平均回帰水準から最も離れた時点が望ましいが，それを特定するのは容易ではない．いずれにせよ，ペアトレーディングの基礎は共和分の推定にあり，時系列分析なしでは十全に執行できないものである．

3.6 演習問題

1. 2008年1月から2011年12月までの英ポンド為替レートを用いてARモデルを構築せよ．ただし，本文中で確認したとおり，当該データは定常ではないので，差分データを用いること．また，構築したモデルと実際のデータをplot()を用いて比較し，さらに10か月先の為替レートを予測し，実際の値と比較せよ．
2. 英ポンド為替レートを用いてARIMAモデルを構築せよ．ただし次数はARIMA(1,1,2)とする．また，構築したモデルと実際のデータをplot()を用いて比較し，さらに10カ月先の為替レートを予測し，実際の値と比較せよ．
3. 米ドル，ユーロ，英ポンドに加え，カナダドル(CAD)，オーストラリアドル(AUD)の5つのデータを用いてVARモデルを構築せよ．また，構築したモデルから英ポンドの推定値を抽出し，実際のデータと合わせてplot()を用いて比較せよ．さらに，10カ月先の為替レートを予測し，全データの予測値をプロットせよ．

[†22] 時系列モデル以外にも，平均回帰性をもつというところに着目してOU過程を用いる (Elliott,R., Van Der Hoek, J and Malcolm, W.(2005), "Pairs trading", Quantitative Finance, 5, pp.271-276.) ことや，価格過程がジャンプをもつモデル (Larsson, S., Lindberg, C. and Warfheimer, M.(2010), "Optimal Closing of a Pair Trade with a Model Containing Jumps", Preprint.) を適用することも可能である．

4

CHAPTER FOUR

ポートフォリオ理論：CAPM

　一般にトレーディングを行う際には，さまざまな金融商品をさまざまな保有比率で分散投資するが，その投資した金融商品の組合せをポートフォリオという．ポートフォリオ理論の特徴は投資収益率を確率変数と捉え，その期待値をリターン，分散をリスクと考える点にある．本章で扱う CAPM は Capital Asset Pricing Model（資本資産価格モデル）の略である．これは特に株式市場などの現物トレーディングにおいては基本的な概念であり，多くの派生的なトレーディング手法，たとえば前章で少し触れたペアトレーディングも CAPM との関連で議論することができる．CAPM は，ある個別資産の収益率を市場全体の収益率と関連付けて説明する公式であり，以下で与えられる．

$$\mathbb{E}[R_i] = R_f + \beta_i(\mathbb{E}[R_M] - R_f)$$

ここで，R_i, R_f, R_M はそれぞれ資産 i，安全資産，市場ポートフォリオの収益率を表し，$\mathbb{E}$ は期待値を表す．また，β_i は定数である．

　「市場ポートフォリオ」とは聞きなれない言葉かもしれない．文字通りある市場全体をポートフォリオとして保有することを仮想的に考えることを指す．株式市場，たとえば東京証券取引所ではトヨタ株や日産株，ソニー株といったさまざまな株式が取引されているが，そうしたすべての株式を足し合わせると，それはある意味で日本の株式市場全体の「価値」を表しているだろう．このような市場全体の時価総額に比例するような株式の組合せを「市場ポートフォリオ」と呼ぶことにするのだ[†1]．さらに，こうして計算された株式市場全体の時価総額の収益率を計算し，これを市場ポートフォリオの収益率 R_M とする．また，安全資産とは将来時点での収益が確定的であるような資産を言い，たとえば国債や普通預金などをイメージすればよいだろう[†2]．

[†1] 今は市場として株式市場を考えているが，当然株式以外の資産を組み入れた市場ポートフォリオを考えることもできる．

こうした安全資産の収益率 R_f とは，すなわち国債の利回りや普通預金の利率などである．

CAPMの公式が意味することは，トヨタ株や日産株などの個別株のリターンを市場全体のリターンから直線的に（線形関係で）求めることができる，ということだ．ここで問題になるのが β 値である．個別の資産の収益率は異なるが，その違いを表現するのが β 値（ベータ値）である．たとえば，もし β 値が0で与えられるなら，これはある株式の収益率が安全資産と同じであることを意味するし，β 値が1ならば市場ポートフォリオと同じ収益率をもつことを意味する．市場ポートフォリオが株式市場における平均的な収益を意味すると考えれば，もし投資家がより高い（と同時にリスキーな）収益率を狙う場合，β 値がより大きな銘柄を購入することが必要となる．なぜなら，市場全体がほんの少ししか動かなかったとしても β 値が大きな銘柄は大きく動くからである．より高い収益率を求めるのであれば，このようにリスク（変動）の大きい，すなわちより高い β 値をもつ銘柄の株式を購入しなければならない．そこで，この β 値がどのようにして決まるのか，ということがCAPMにおける主要な問題となる．

少し例示的な計算をしてみよう．A株の β 値が1.5で与えられているとしよう．また，安全資産の収益率を0.1%，市場ポートフォリオの収益率を2%とする．このとき，A株の収益率の期待値をCAPMを用いて計算することができる．

```
> 0.1+1.5*(2-0.1)
[1] 2.95
```

すなわち，A株は2.95%の収益が予想されるといった具合だ．

4.1 平均–分散ポートフォリオ

市場で取引されているさまざまな証券のうち，誰しもできるかぎり収益率の期待値（リターン）が高く，リスクの低い証券を購入したいだろう．ここでリスクとは収益率がどの程度その期待値から外れるのかを指し，収益率の標準偏差で測る．これをボラティリティと呼ぶ．しかし，多くの場合，収益率の期待値が高い証券ほどボラティリティが高く，逆にボラティリティが低い証券は収益率の期待値も低い．つまり，リスクをとらなければリターンも得られない．そこで，さまざまな証券をさまざまな配分で購入し，資産全体の収益率期待値を高くし，標準偏差を小さくするような組合せ（ポートフォリオ）を考えたい，というのは自然な発想だろう．その際，問題になるのは各証券の保有比率（ウェイト）である．たとえば，資産1と資産2の2種類の資産を組み合わせて，より収益率が高く，よりボラティリティが低いポートフォリオの構築を考えてみよう．

[†2] 厳密に言えば，政府や銀行が破産しないとは限らないので，国債や普通預金でさえ収益が確定的とは言えないのだが，便宜的にこうした安全資産がなんらかの形で存在するものとする．

ここで，資産1の収益率を R_1，資産2のそれを R_2 とし，資産1の保有比率を t，資産2の保有比率を $(1-t)$ とする．また，それぞれの資産の収益率の期待値を μ_1, μ_2，標準偏差を σ_1, σ_2 とする．すると，このポートフォリオの収益率は

$$tR_1 + (1-t)R_2$$

となる．収益率の期待値 μ_p は

$$\mu_p = t\mathbb{E}[R_1] + (1-t)\mathbb{E}[R_2] = t\mu_1 + (1-t)\mu_2 \tag{4.1}$$

である．分散 σ_p^2 は共分散 $\sigma_{1,2}$ を用いて，

$$\sigma_p^2 = t^2\sigma_1^2 + (1-t)^2\sigma_2^2 + 2t(1-t)\sigma_{1,2} \tag{4.2}$$

と与えられる．ここで，共分散とは R_1 と R_2 の平均からの偏差の積の期待値で，$\sigma_{1,2} := \mathbb{E}[(R_1 - \mathbb{E}[R_1])(R_2 - \mathbb{E}[R_2])] = \mathbb{E}[R_1 R_2] - \mathbb{E}[R_1]\mathbb{E}[R_2]$ である．また相関係数は $\frac{\sigma_{12}}{\sigma_1 \sigma_2}$ で定義され，この値が大きいと R_1 が平均よりも高いとき R_2 も平均より高くなる傾向が強いことを表す．

それでは，具体的に μ_p と σ_p はどういう関係にあるのか確認してみよう．たとえば，$\mu_1 = 0.1$, $\mu_2 = 0.05$, また，$\sigma_1 = 0.2, \sigma_2 = 0.1$ とし，共分散 $\sigma_{1,2}$ が -0.015, ゼロ, 0.015 の3通りの場合について，μ_p を縦軸，σ_p を横軸とし両者の関係を保有比率 t を変化させて，図示してみる（図4.1）．

```
> t <- seq (-0.5,1.5,by=0.05) #-0.5から1.5までの点列を0.05刻みで作る
> mu_1 <- 0.1 #資産1の平均収益率
> mu_2 <- 0.05 #資産2の平均収益率
> sigma_1 <- 0.2 #資産1のボラティリティ
> sigma_2 <- 0.1 #資産2のボラティリティ
> cov1 <- -0.015 #資産1と資産2の共分散
> cov2 <- 0
> cov3 <- 0.015
> mu_p <- t*mu_1+ (1-t) *mu_2 #収益率の期待値の列を作る
> sigma1_p <- sqrt (t^2*sigma_1^2+ (1-t) ^2*sigma_2^2+2*t* (1-t) *cov1)
> #ボラティリティの列を作る
> sigma2_p <- sqrt (t^2*sigma_1^2+ (1-t) ^2*sigma_2^2+2*t* (1-t) *cov2)
> sigma3_p <- sqrt (t^2*sigma_1^2+ (1-t) ^2*sigma_2^2+2*t* (1-t) *cov3)
> plot (sigma1_p,mu_p,xlim=c (0.03,0.25),ylim=c (0.04,0.11),xlab="sigma_p")
> points (sigma2_p,mu_p,pch=2) # pchで点の形を指定
> points (sigma3_p,mu_p,pch=3)
> legend (0.05,0.11,legend=c ("cov<0","cov=0","cov>0"),pch=c (1,2,3))
> #凡例追加
```

ここで興味深いのは，共分散の値が小さくなるほど，つまり両者の相関が低くなるほど，収益率の期待値が同じでも低リスクのポートフォリオを構築できるという点で

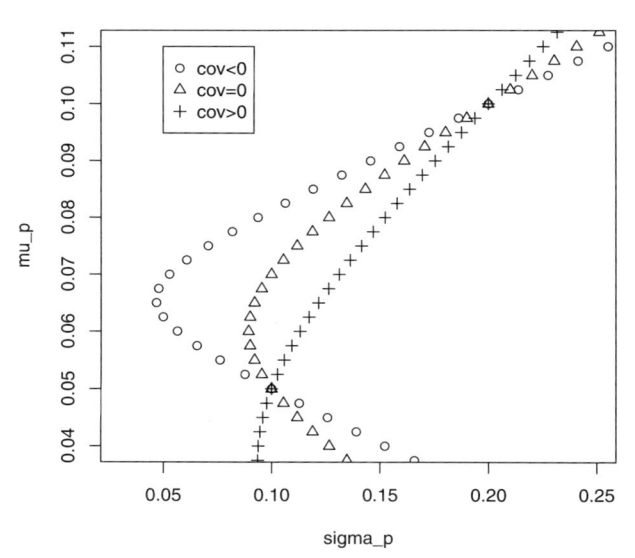

図 4.1 ポートフォリオの実現可能領域

ある．図 4.1 では左上の領域が低リスク高リターンを表しており，共分散が -0.15 の場合が最も低リスク高リターンのポートフォリオ構築が可能であることを示している（正確には両者の保有比率が正，$0 < t < 1$ において）．これは両者の共分散が負の場合，資産 2 の保有が資産 1 が暴落した場合の備えになっているためである．これがポートフォリオ効果，あるいは分散効果と言われるものである．

このように，同じリターンであればもっともリスクが小さい組合せを示す点をリスク–リターン $(\sigma_p - \mu_p)$ 平面上で結んだ曲線を，最小分散境界という．特に，同じリスク（分散）であればよりリターンが大きいポートフォリオを選択するのが合理的であることを考えれば，通常，投資家は最小分散境界の上半分を選択するだろう．このような最小分散境界の上半分の双曲線のことを特に有効フロンティアと呼ぶ．資産が2つの場合はポートフォリオのリスク–リターンはこの曲線上に乗るが，資産の数が増えるとポートフォリオのリスク–リターンはこの曲線上およびこの曲線の右側に位置することになる．また，最小分散境界は双曲線を描いていることが確かめられる．資産が 2 つの場合は式 (4.1)，(4.2) より簡単に確認することができる（一般的な場合は 4.5 節参照）．

資産を 3 つに増やして，同じことを考えてみよう．このときのそれぞれの保有比率を $t, s, 1-t-s$ とすると，ポートフォリオの収益率期待値 μ_p とボラティリティ σ_p は以下のように書ける．

$$\mu_p = t\mu_1 + s\mu_2 + (1-t-s)\mu_3$$

$$\sigma_p^2 = t^2\sigma_1^2 + s^2\sigma_2^2 + (1-t-s)^2\sigma_3^2 + 2ts\sigma_{1,2} + 2t(1-t-s)\sigma_{1,3} + 2s(1-t-s)\sigma_{2,3}$$

たとえば，$\mu_1 = 0.1$，$\mu_2 = 0.05$，$\mu_3 = 0.15$，$\sigma_1 = 0.2$，$\sigma_2 = 0.1$，$\sigma_3 = 0.3$，$\sigma_{1,2} = -0.015$，$\sigma_{13} = 0.01$，$\sigma_{2,3} = -0.02$ の場合，このポートフォリオの収益率と分散を計算し，実現可能領域を図示してみよう（図 4.2）．

```
> # 101個からなる点列s,tで平均・分散の組み合わせを計算する
> mu_p <- rep (0,101*101)
> var_p <- rep (0,101*101)
> mu_1 <- 0.1 #資産1の平均収益率
> mu_2 <- 0.05 #資産2の平均収益率
> mu_3 <- 0.15 #資産3の平均収益率
> sigma_1 <- 0.2 #資産1のボラティリティ
> sigma_2 <- 0.1 #資産2のボラティリティ
> sigma_3 <- 0.3 #資産3のボラティリティ
> cov_12 <- -0.015 #資産1と資産2の共分散
> cov_13 <- 0.01 #資産1と資産3の共分散
> cov_23 <- -0.02 #資産2と資産3の共分散
> i <- 1
> # -0.5 < s, t < 1.5とする
> for (t in -25:75) {
+   t <- 0.02*t
+   for (s in -25:75) {
+     s <- 0.02*s
+     #平均値と分散の列を作る
+     mu_p[i] <- t*mu_1 + s*mu_2 + (1-t-s) *mu_3
+     var_p[i] <- t^2*sigma_1^2+s^2*sigma_2^2+ (1-t-s) ^2*sigma_3^2+
+     2*t*s*cov_12+2*t* (1-t-s) *cov_13+2*s* (1-t-s) *cov_23
+     i <- i+1
+   }
+ }
> sigma_p <- sqrt (var_p) #ボラティリティを計算する
> plot (sigma_p,mu_p,xlim=c (0,0.3),ylim=c (0.05,0.15),pch=".")
```

この場合は3資産となるため，ポートフォリオから得られる収益率とボラティリティの関係はやや複雑になるが，境界線である最小分散境界はやはり双曲線となることが確認できる．3資産によるリスク–リターンの実現可能領域は2資産による実現可能領域を包含しており，3つ目の資産を加えることにより，投資家が実現できるリスク–リターンの選択肢がさらに広がったことを意味する．当然であるが，同じリターンであれば2資産の場合よりも3資産によるポートフォリオの方が，ボラティリティの小さい，より有利なポートフォリオの構築が可能となる．

　上の議論においては，空売りを許すものと前提し各資産の投資ウェイトが負になってもよいものとした．もし空売りが許されない場合，その実現可能領域は小さくなり，空売りを許す場合の実現可能領域の中に含まれる（図4.3）．

```
> mu_p <- rep (0,1326) #1326=1+2+...+51
> var_p <- rep (0,1326)
```

```
> mu_1 <- 0.1 #資産1の平均収益率
> mu_2 <- 0.05 #資産2の平均収益率
> mu_3 <- 0.15 #資産3の平均収益率
> sigma_1 <- 0.2 #資産1のボラティリティ
> sigma_2 <- 0.1 #資産2のボラティリティ
> sigma_3 <- 0.3 #資産3のボラティリティ
> cov_12 <- -0.015 #資産1と資産2の共分散
> cov_13 <- 0.01 #資産1と資産3の共分散
> cov_23 <- -0.02 #資産2と資産3の共分散
> i <- 1
> # 0≦s, t≦1とする
> for (t in 0:50) {
+   t <- 0.02*t
+   #1-t-s>0を満たすように
+   for (s in 0:(50-50*t)){
+     s <- 0.02*s
+     #平均値と分散の列を作る
+     mu_p[i] <- t*mu_1 + s*mu_2 + (1-t-s) *mu_3
+     var_p[i] <- t^2*sigma_1^2+s^2*sigma_2^2+ (1-t-s) ^2*sigma_3^2+
+     2*t*s*cov_12+2*t* (1-t-s) *cov_13+2*s* (1-t-s) *cov_23
+     i <- i+1
+   }
+ }
> sigma_p <- sqrt (var_p) #ボラティリティを計算する
> plot (sigma_p,mu_p,xlim=c (0,0.3),ylim=c (0.05,0.15),pch=".")
```

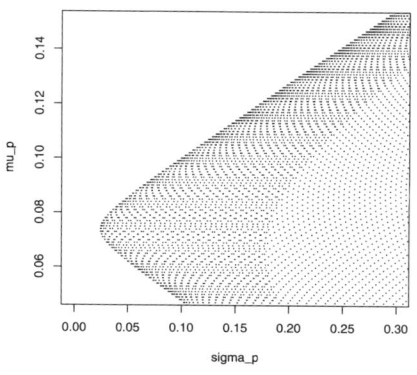

図4.2　3資産ポートフォリオの実現可能領域 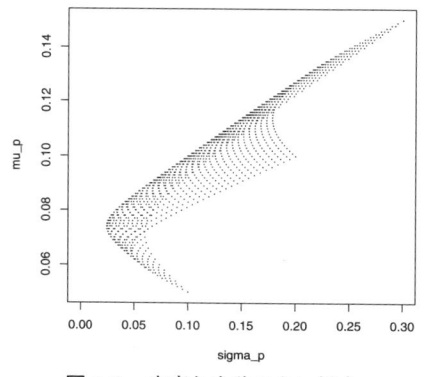　　図4.3　空売りを許さない場合

4.2 市場ポートフォリオ

ポートフォリオにさらに別の銘柄を加えていくと，実現可能領域は拡大するのか，という疑問が湧くだろう．その答えは一般的にイエスであり，さらに言えば，加えられる限りの銘柄を加えることでポートフォリオの実現可能領域は拡大していく．しかし，市場で取引されている銘柄の数は有限であり，たとえば今，可能な銘柄が日経225で登録されている銘柄のみだとしたら，このようなポートフォリオを拡張する試みも225銘柄までである．つまりこの場合，225銘柄で構成したポートフォリオで実現されるリスク–リターンが投資可能な領域となる．また，この場合も最小分散境界はσ_p-μ_p平面上の双曲線となる．もし投資家が合理的であれば，225銘柄からなるポートフォリオの中から最適な組合せを探し出し，それを実現するだろう．CAPMによると，市場に参加するすべての投資家は合理的で最適なポートフォリオを選択しようとするため，すべての投資家のポートフォリオの配分はみな同一になる．このようなポートフォリオを市場ポートフォリオと呼ぶ．すべての投資家が同じポートフォリオを選択するはず，というのはかなり思い切った仮定であるが，以下でその市場ポートフォリオについて見ていこう．

これまでは$\sigma > 0$であるようなリスク資産のみを考えてきたが，ここで購入時点で収益が確定しており，ボラティリティがゼロであるような安全資産を投資対象に加える．上で見たとおり，リスク資産の組合せとして効率的な市場ポートフォリオはσ_p-μ_p平面上の双曲線で記述される最小分散境界上にあるだろう．また，安全資産の収益率をR_f，リスク資産iの期待収益率とボラティリティをμ_i, σ_iと書き，それぞれの保有率を$(t, 1-t)$としたポートフォリオを考える．このポートフォリオの収益率の期待値とボラティリティは

$$\mu_p = tR_f + (1-t)\mu_i$$
$$\sigma_p = (1-t)\sigma_i$$

となる．ここで，安全資産はリスクがない，すなわち分散および共分散がゼロであることを用いた．上式より，

$$\mu_p = R_f + \frac{\mu_i - R_f}{\sigma_i}\sigma_p$$

を得る．よって，このポートフォリオの期待収益率とボラティリティはσ_p-μ_p平面上の直線を表すことになる．これは，安全資産を含めることによって実現可能領域の形が大きく変化することを意味する．3つのリスク資産の例では，図4.2あるいは図4.3に示したとおり最小分散境界の右側の部分のみが実現可能領域であったが，安全資産を含めることにより各点と安全資産$(0, R_f)$を結ぶ直線上の点も実現可能領域となる．具体的には図4.4に示した直線に囲まれた領域となる．ただしここでは$R_f = 0.07$とし，資金を借りることもできると仮定している．この仮定によって，安全資産を出発点として最小分散境界の接点を通って無限に伸びる半直線が生成される．もしR_fで資金を借りることができなければ，安全資産から最小分散境界の接点までの線分が生

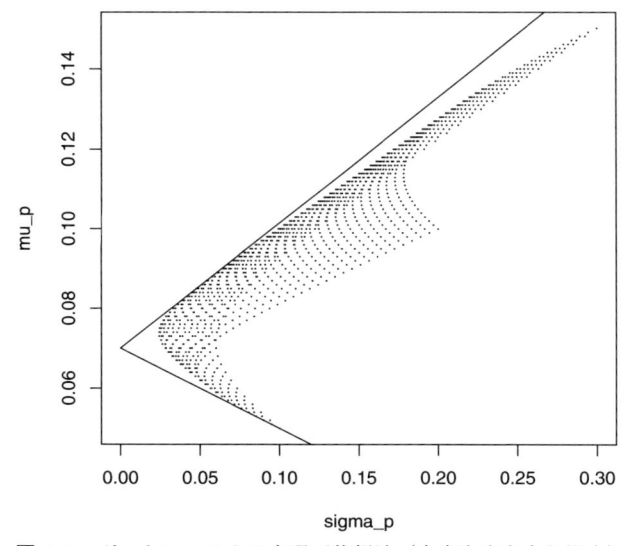

図 4.4 ポートフォリオの実現可能領域（安全資産を含む場合）

成されるのみである．

```
> R_f <- 0.07 #安全資産の収益率
> a_max = max ((mu_p-R_f) /sigma_p) #直線の正の傾き
> a_min = min ((mu_p-R_f) /sigma_p) #直線の負の傾き
> x <- seq (0,3,by=0.01)
> lines (x,a_max*x+R_f)
> lines (x,a_min*x+R_f)
```

ここで重要な点は，安全資産を考慮することによって効率的なポートフォリオの領域がリスク資産のみで形成される有効フロンティア，すなわち最小分散境界の上半分から上側の直線になったことである．また，この直線は有効フロンティアに対する接線となる．よって，リスク資産の組合せとして効率的なポートフォリオはこの接点で表されることになる．このポートフォリオを市場ポートフォリオ[3]，あるいは接点ポートフォリオと呼び，安全資産と市場ポートフォリオで作られる直線を資本市場線と呼ぶ．つまり，リスク資産によって構成される一つのファンド，市場ポートフォリオが存在し，このポートフォリオと安全資産を組み合わせることによって効率的なポートフォリオが実現される（1ファンド定理）．また，市場ポートフォリオの期待収益率，ボラティリティを μ_M, σ_M と書くと，資本市場線の傾きは $\frac{\mu_M - R_f}{\sigma_M}$ となるが，これはしばしばリスクの市場価格と呼ばれる．

---

[3] 市場は効率的であり，時価総額加重されたポートフォリオは効率的であるという考え方に基づく．また，このアイディアから日経225などに連動するインデックスファンドが組成されている．

4.3 CAPMの導出

上の議論から効率的ポートフォリオの期待収益率とボラティリティは資本市場線によって表されることがわかった．次に，個別資産の期待収益率とボラティリティの関係について考えたい．

個別銘柄 i と市場ポートフォリオを $(t, 1-t)$ の割合で保有することを考える．市場ポートフォリオの期待収益率とボラティリティをそれぞれ，μ_M, σ_M と書く．このポートフォリオの期待収益率，分散は

$$\mu_p = t\mu_i + (1-t)\mu_M$$
$$\sigma_p^2 = t^2\sigma_i^2 + (1-t)^2\sigma_M^2 + 2t(1-t)\sigma_{i,M}$$

となる．ここで，t を変化させていくと $t=0$ のときは市場ポートフォリオに一致し，資本市場線をまたぐことはできないので[†4]，資本市場線に接することになる．よって，

$$\left.\frac{d\mu_p}{d\sigma_p}\right|_{t=0} = \frac{\mu_M - R_f}{\sigma_M} \tag{4.3}$$

を満たす．一方，

$$\frac{d\mu_p}{dt} = \mu_i - \mu_M$$
$$\frac{d\sigma_p}{dt} = \frac{t\sigma_i^2 - (1-t)\sigma_M^2 + (1-2t)\sigma_{i,M}}{\sigma_p}$$

より，

$$\left.\frac{d\mu_p}{d\sigma_p}\right|_{t=0} = \frac{(\mu_i - \mu_M)\sigma_M}{\sigma_{i,M} - \sigma_M^2} \tag{4.4}$$

を得る．ここで $\sigma_M = \sigma_p|_{t=0}$ を用いた．式 (4.3)，(4.4) より

$$\mu_i = R_f + \frac{\sigma_{i,M}}{\sigma_M^2}(\mu_M - R_f) = R_f + \beta_i(\mu_M - R_f)$$

となる．これは最初に紹介した CAPM の関係式である．市場ポートフォリオと銘柄 i の共分散を市場ポートフォリオの分散で割った値として与えられる β_i を銘柄 i の β 値（ベータ値）と呼ぶ．銘柄 i の期待収益率の R_f を上回る部分を期待超過収益率と呼び，CAPM の公式は個別銘柄の期待超過収益率 $\mu_i - R_f$ と市場ポートフォリオの期待超過収益率 $\mu_M - R_f$ が比例し，その比例係数が β（ベータ）で与えられるというものである．

[†4] もし，資本市場線をまたぐことができるのであれば，それは資本市場線上のポートフォリオ以上に効率的なポートフォリオが存在することになってしまう．

4.4 CAPMの拡張：マルチファクターモデル

4.4.1 裁定価格理論 (Arbitrage Pricing Theory)

CAPMは理論的な明快さからファイナンスにおける標準理論の一つと考えられているが，実際に個別銘柄がCAPMに従って記述されるかということは実証されていない．それどころか，CAPMモデルは個別銘柄の超過収益率が市場ポートフォリオの超過収益率だけで説明されている，いわば1ファクターモデルとなっており，実証的にしばしば否定されてしまうことが知られている．そこで，CAPMの自然な拡張として複数のファクターを用いて個別銘柄の超過収益率を説明しようとするのがマルチファクターモデルである．Rによるプログラムからは外れるが，マルチファクターモデルについて簡単に述べておく．

マルチファクターモデルについては，1976年にStephan Rossにより開発された裁定価格理論 (APT: Arbitrage Pricing Theory) を中心に整理しておきたい．APTは個別銘柄の超過収益率はただ一つのファクター R_M だけではなく，複数のファクター $(F_1, F_2, \cdots, F_n)$ によって表現されると主張する．式で書くと以下のようになる．

$$\mathbb{E}[R_i] = R_f + \beta_1 \mathbb{E}[F_1] + \beta_2 \mathbb{E}[F_2] + \cdots + \beta_n \mathbb{E}[F_n]$$

ただし，個別銘柄の数が m のとき，$n \leq m$ とする．

さらに，上の式の期待値部分を外し，より一般化すれば，以下のように書ける．

$$R_i = \alpha_i + \beta_1 F_1 + \beta_2 F_2 + \cdots + \beta_n F_n + \epsilon_i$$

ただし，α_i は適当な定数（この定数がどのように決まるかについては後述），ϵ_i は平均ゼロの確率変数であり，$F_1, F_2, \cdots, F_n$ とは独立とする．

個別銘柄 i の超過収益率を説明するために，右辺にはマクロ変数を用いてもよい．たとえば，GDP，物価上昇率 P，為替レートUSDJPYなどである．このとき，上式は以下のように書ける．

$$R_i = \alpha_i + \beta_1 \text{GDP} + \beta_2 P + \beta_3 \text{USDJPY} + \epsilon_i$$

ただし，個別銘柄の収益率 R_i と当てはまりのよいファクターさえ見つかればなんでもよいというわけではない．APTの本質は「証券市場に存在するすべての銘柄が"共通の"ファクターによって説明される」というところにあって，決して当てはまりのよさだけを強調した理論ではない．つまり，上の式のように個別銘柄がGDPと物価上昇率と為替レートで説明されるというときには，他の銘柄もすべて同じようにGDP，物価上昇率，そして為替レートで説明される，ということをAPTは要求しているのだ．さらに，APTは単に個別銘柄が共通ファクターで説明できるというだけでなく，その名が示唆するように市場が無裁定となるように決定される．より正確に言えば，市場が無裁定条件を満たすように α_i が決定される．ここで，無裁定とは「現時点でまったくコストをかけずに将来時点で確実に収益を得る機会は存在しない」ことを言う．

4.4 CAPMの拡張：マルチファクターモデル

それでは，具体的にどのように α_i を決めれば無裁定が保証されるのか．便宜的に，まずはファクター数を1にしたモデルを用いて説明しよう．ここで株式市場には二つの銘柄しかなく，それぞれの収益率を R_1, R_2 とする．APTによると個別銘柄の収益率は以下のように書ける．

$$R_1 = \alpha_1 + \beta_1 F_1 + \sigma_1 \epsilon_1 \tag{4.5}$$

$$R_2 = \alpha_2 + \beta_2 F_1 + \sigma_2 \epsilon_2 \tag{4.6}$$

ここで ϵ_1, ϵ_2 は平均ゼロ，分散1の確率変数で他のファクターおよび互いに無相関であるものとする．さて，ここで資金ゼロで投資戦略を組むことにしよう．資金を金利 R_f で借りてきて，たとえばその70%を資産1に，残り30%を資産2に投資したとする．このとき，投資家がコストをかけずに得られる収益率は $0.7R_1 + 0.3R_2 - R_f$ と書ける．より一般的に，資産1に w_1，資産2に $w_2(=1-w_1)$ の配分で投資したとすると，この投資による収益率 R_p は $R_p = w_1 R_1 + w_2 R_2 - R_f$ と書ける．これを以下のように書き換えよう．

$$R_p = w_1 R_1 - w_1 R_f + w_2 R_2 - w_2 R_f$$
$$= (w_1, w_2) \begin{pmatrix} R_1 - R_f \\ R_2 - R_f \end{pmatrix}$$

ここで，この投資は自己資金ゼロで行われていることがポイントである[5]．したがって，もし将来確実に $R_p > 0$ とすることが可能な戦略が存在するなら，その戦略 (w_1, w_2) の下で，投資家は裁定取引を行うことができる．逆に，もし将来確実に $R_p < 0$ でも裁定取引が可能である．なぜなら，このときは資産1と資産2を売って，売ったお金を金利 R_f で貸すことによって，コストゼロで利益を得ることができるからである．したがって，市場が無裁定であるためには $R_p = 0$ とならなければならない．

上の式と式 (4.5), (4.6) から，

$$R_p = (w_1, w_2) \begin{pmatrix} \alpha_1 + \beta_1 F_1 + \sigma_1 \epsilon_1 - R_f \\ \alpha_2 + \beta_2 F_1 + \sigma_2 \epsilon_2 - R_f \end{pmatrix}$$
$$= (w_1, w_2) \begin{pmatrix} \alpha_1 - R_f \\ \alpha_2 - R_f \end{pmatrix} + (w_1, w_2) \begin{pmatrix} \beta_1 \\ \beta_2 \end{pmatrix} F_1 + (w_1, w_2) \begin{pmatrix} \sigma_1 \epsilon_1 \\ \sigma_2 \epsilon_2 \end{pmatrix}$$

と書ける．第2項のファクター F_1 は将来どう変動するかわからない不確定な要素であり，また第3項もランダムであるから，投資家にとっては第2項と第3項をゼロにした上で第1項を正または負にすることができれば裁定取引が可能となる．第2項については $w_2 = -\beta_1/\beta_2 w_1$ となるように戦略を組めばゼロとなる[6]．この項から生じる

---

[5] これは一つの例であって，空売りを適当に使えば，安全資産の借り入れもなくコストゼロでポートフォリオを組むことが可能である．

[6] $w_1 + w_2 = 1$ であることを勘案すると，$w_1 = \beta_2/(\beta_2 - \beta_1)$, $w_2 = \beta_1/(\beta_1 - \beta_2)$ である．

リスクはすべての銘柄について共通なファクター F_1 によって特徴づけられていることもあり，しばしばシステマティックリスクと呼ばれる．CAPMの場合は $R_M - R_f$ がシステマティックリスクとなる．また，ここでは詳細な説明は省くが，第3項については銘柄数を無数に増やすことによって分散効果から近似的にゼロとなることが知られている[†7]．そこで，第3項を無視すれば，第2項をゼロにした上で第1項がゼロでない場合に裁定取引が生じる．逆に言えば，戦略 $w_2 = -\beta_1/\beta_2 w_1$ としてシステマティックリスクへのエクスポージャーをゼロにした上で収益がゼロになるとき，市場は無裁定である．$w_2 = -\beta_1/\beta_2 w_1$ を上式に代入すると，次式を得る．

$$R_p = (w_1, -\beta_1/\beta_2 w_1) \begin{pmatrix} \alpha_1 - R_f \\ \alpha_2 - R_f \end{pmatrix} = w_1 \left(\alpha_1 - R_f - \frac{\beta_1}{\beta_2}(\alpha_2 - R_f) \right)$$

よって，$w_1 \left(\alpha_1 - R_f - \frac{\beta_1}{\beta_2}(\alpha_2 - R_f) \right)$ がゼロでなければコストをかけずに利益を得ることが可能になる．したがって，無裁定であるためにはこの項がゼロでなければならない．つまり，$\frac{\alpha_1 - R_f}{\beta_1} = \frac{\alpha_2 - R_f}{\beta_2}$ が要求される．よって，

$$\lambda_1 := F_1 + \frac{\alpha_1 - R_f}{\beta_1} = F_1 + \frac{\alpha_2 - R_f}{\beta_2}$$

とおくと，式 (4.5) - (4.6) は次のように書くことができる．

$$R_1 = R_f + \beta_1 \lambda_1 + \sigma_1 \epsilon_1$$
$$R_2 = R_f + \beta_2 \lambda_1 + \sigma_2 \epsilon_2$$

ここで λ_1 は R_f を上回る収益源となるファクターであり，ファクター F_1 に付随するリスクの価格である．このため，λ_1 をファクター価格 (factor price) という．各資産の収益率はファクター価格に対する感応度によって決定されることを意味している．また，ファクター価格として市場ポートフォリオの期待超過収益率 $\lambda_1 = R_M - R_f$ を選べば，上式はCAPMと合致する．

APTは市場の無裁定を保証するため，係数 $\alpha_1, \alpha_2, \beta_1, \beta_2$ に制約がかかり，上のような等式を満たすように決められることを要求するのである．ファクター数を増やしていっても同様の議論が成り立つ．一般の場合は次のようにまとめられる．

4.4 CAPM の拡張：マルチファクターモデル

> **APT**
>
> m 個の資産に対して $n \leq m$ 個のファクターが存在して，各資産の収益率が，
>
> $$R_i = \alpha_i + \sum_{j=1}^n \beta_{i,j} F_j + \sigma_i \epsilon_i$$
>
> と表されるものとする．よく分散化されたポートフォリオを考え，ϵ_i は無視できるものとする．このとき，$n+1$ 個の定数 $\lambda_0, \lambda_1, \cdots, \lambda_n$ が存在し，
>
> $$\mathbb{E}[R_i] = \lambda_0 + \sum_{j=1}^n \beta_{i,j} \lambda_j$$
>
> が成立する．

ファクターが2つの場合を例に簡単に証明をまとめる．各資産 i に w_i のウェイトで投資することを考える．このとき w_i が

$$\sum_{i=1}^m w_i = 0, \quad \sum_{i=1}^m w_i \beta_{i,1} = 0, \quad \sum_{i=1}^m w_i \beta_{i,2} = 0$$

を満たすものとすると，このポートフォリオのコストはゼロ，かつファクターへの感応度もゼロなのでリスクもない．よって，無裁定であるためには期待収益率もゼロとなる必要がある．つまり，

$$\sum_{i=1}^m w_i R_i = 0$$

である必要がある．ここで，m 次元空間のベクトル

$$\mathbf{1} = (1,1,\cdots,1), \quad \boldsymbol{\beta}_1 = (\beta_{1,1}, \beta_{2,1}, \cdots, \beta_{m,1}), \quad \boldsymbol{\beta}_2 = (\beta_{1,2}, \beta_{2,2}, \cdots, \beta_{m,2}),$$
$$\boldsymbol{w} = (w_1, w_2, \cdots, w_m), \quad \boldsymbol{R} = (R_1, R_2, \cdots, R_m)$$

を考えると，$\mathbf{1}, \boldsymbol{\beta}_1, \boldsymbol{\beta}_2$ と直交するすべての $\boldsymbol{w}$ は $\boldsymbol{R}$ とも直交することを意味する．つまり，$\boldsymbol{R}$ は $\mathbf{1}, \boldsymbol{\beta}_1, \boldsymbol{\beta}_2$ の1次従属となるので，$\boldsymbol{R} = \lambda_0 \mathbf{1} + \lambda_1 \boldsymbol{\beta}_1 + \lambda_2 \boldsymbol{\beta}_2$ を満たす定数 $\lambda_0, \lambda_1, \lambda_2$ が存在することになる．また，安全資産が存在する場合は $\lambda_0 = R_f$ となる．

ところで，APTでは，ファクターが何であるかは示されていないため，ファクターの特定方法が問題になる．方法としては (1) マクロ経済変数や財務変数などの観測可能な指標を用いる方法や，(2) 主成分分析など統計的手法からファクターを推計する方法などがある．(1) の場合はファクターが具体的に特定されるので解釈が容易であり，将来予測などにも使いやすい．その一方で，(2) はファクターを具体的に特定する必要がないので恣意性がなく，安定的なモデルを構築しやすいなどの特徴がある[8]．

---
[7] この第3項は第2項と違い個別銘柄に特有な確率項で記述されているため，個別リスクと言われている．
[8] 主成分分析によるイールドカーブ分析の 2.5 節も参照．

4.4.2 Fama-Frenchの3ファクターモデル

最後にFama-Frenchの3ファクターモデルを紹介しておく．Fama-Frenchは思いきった捨象を行い，個別銘柄の収益率をうまく説明するようなモデルの構築を試みた．3ファクターモデルはその名のとおり，3つのファクターで個別銘柄の収益率を説明するモデルである．具体的には，CAPMで用いた市場ポートフォリオの収益率に加え，SMB (small minus big) と呼ばれるファクターとHML (high minus low) と呼ばれるファクターを用いる．SMBはいわゆる小型株効果と言われるもので，小型株（時価総額の小さな銘柄）の収益率から大型株（時価総額の大きな銘柄）の収益率を引いた値であり，HMLはグロース株（成長率の高い銘柄）の収益率から割安株（企業規模から見て適正な価値に対して低い株価で取引されている株）の収益率を引いた値である．実際，どの銘柄がグロース株で，どの銘柄が割安株なのか判断するのは難しいが，株価を1株当りの収益率（EPS；Earnings Per Share）で割った株価収益率（PER；Price Earnings Ratio）や時価と簿価の比率である株価純資産倍率（PBR；Price Book-value Ratio）などを用いることが多い．米国株式に関するデータは以下のページで閲覧可能．

http://mba.tuck.dartmouth.edu/pages/faculty/ken.french/data_library.html

さて，この3ファクターモデルによれば，個別銘柄の収益率 R_i は以下で与えられる．

$$\mathbb{E}[R_i] = R_f + \beta_1(\mathbb{E}[R_M] - R_f) + \beta_2 \text{SMB} + \beta_3 \text{HML}$$

3ファクターモデルはAPTの特殊系なので無裁定原理に基づいている．しかし，個別銘柄の収益率を説明するのに，なぜSMBやHMLといった指標が有効なのかを明確に説明する原理はない．その意味では理論というよりもアートに近いと言えよう．ファイナンスではしばしばこのような理論的というよりアートに近いテクニックが有効なことがあるのである．

4.5 有効フロンティアの形状

この章の最後に最小分散境界が双曲線となることを簡単に説明する．Markowitsの平均分散ポートフォリオにおける最小分散境界は次のように定式化できる．各資産への投資比率 w_i のベクトルを $\boldsymbol{w}$，各資産の期待収益率 μ_i のベクトルを $\boldsymbol{\mu}$，分散共分散行列を V などと書くと，

$$\boldsymbol{w}'\boldsymbol{\mu} = \mu_p, \quad \boldsymbol{w}'\boldsymbol{1} = 1$$

の束縛条件の下で，

$$\sigma_p^2 = \boldsymbol{w}'V\boldsymbol{w}$$

を最小化する問題となる．これはラグランジュの未定乗数法によって次のように計算することができる．ラグランジュ関数

$$L(\boldsymbol{w}, \lambda, \gamma) = \frac{1}{2}\boldsymbol{w}'V\boldsymbol{w} - \lambda(\boldsymbol{w}'\boldsymbol{\mu} - \mu_p) - \gamma(\boldsymbol{w}'\mathbf{1} - 1)$$

について[†9],

$$\frac{\partial L}{\partial \boldsymbol{w}} = V\boldsymbol{w} - \lambda\boldsymbol{\mu} - \gamma\mathbf{1} = \mathbf{0}$$

を満たす $(\boldsymbol{w}, \lambda, \gamma)$ を求める.

$$\boldsymbol{w} = \lambda V^{-1}\boldsymbol{\mu} + \gamma V^{-1}\mathbf{1}$$

より,$A = \mathbf{1}'V^{-1}\boldsymbol{\mu} = \boldsymbol{\mu}'V^{-1}\mathbf{1}, B = \boldsymbol{\mu}'V^{-1}\boldsymbol{\mu}, C = \mathbf{1}'V^{-1}\mathbf{1}$ などと書くと,

$$\mu_p = \lambda B + \gamma A, \quad 1 = \lambda A + \gamma C$$

を得る.これより,$D = BC - A^2$ として

$$\lambda = \frac{C\mu_p - A}{D}, \quad \gamma = \frac{B - A\mu_p}{D}$$

$$\boldsymbol{w} = \left(\frac{C}{D}V^{-1}\boldsymbol{\mu} - \frac{A}{D}V^{-1}\mathbf{1}\right)\mu_p + \left(\frac{B}{D}V^{-1}\mathbf{1} - \frac{A}{D}V^{-1}\boldsymbol{\mu}\right)$$

と解ける.これを σ_p^2 の定義式に代入すると,

$$\sigma_p^2 = \left(\frac{C^2}{D^2}B - 2\frac{AC}{D^2}A + \frac{A^2}{D^2}C\right)\mu_p^2 + 2\left(\frac{BC}{D^2}A - \frac{AC}{D^2}B - \frac{AB}{D^2}C + \frac{A^2}{D^2}A\right)\mu_p$$

$$+ \left(\frac{B^2}{D^2}C - 2\frac{AB}{D^2}A + \frac{A^2}{D^2}B\right)$$

$$= \frac{C}{D}\left(\mu_p - \frac{A}{C}\right)^2 + \frac{1}{C}$$

とまとめられる.よって,最小分散ポートフォリオである有効フロンティアは σ_p-μ_p 平面上で次式で表される双曲線の $\sigma_p > 0$ の上半分で描かれることが確かめられる(図 4.5).

$$\frac{\sigma_p^2}{1/C} - \frac{\left(\mu_p - \frac{A}{C}\right)^2}{D/C^2} = 1$$

なお,上の計算は各資産への投資比率に何ら制限を設けていないが,実際には投資比率に制限を設けることも多々ある.その場合は条件付の最適化問題を解くことになる.たとえば,空売りが許されない場合は $w_i \geq 0$ といった制約条件をさらに加える必要がある.この問題は目的関数である分散が 2 次式で,制約条件が 1 次等式と不等式で与えられており,2 次計画問題と呼ばれる.このような問題を解くために数値計算プログラムが利用可能であり,Excel のスプレッドシートなどでも解くことができる.R には条件付最適化問題を解くための関数が用意されている(付録 A 参照).

[†9] 2 次式である分散項の前に 1/2 を付けたのは,最後に得られる式をきれいにするためである.

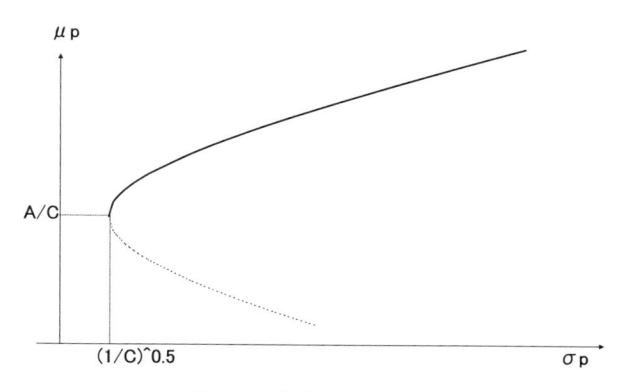

図 4.5　有効フロンティア

4.6 演習問題

1. 資産 1 と資産 2 の収益率，標準偏差がそれぞれ $\mu_1 = 0.12, \mu_2 = 0.06, \sigma_1 = 0.18, \sigma_2 = 0.12$，両者の相関が $\rho_{1,2} = 0.2$（共分散は $\sigma_{1,2} = \sigma_1 \sigma_2 \rho_{1,2}$）であった．このとき，資産 1 に 80%，資産 2 に 40% 投資するポートフォリオの期待リターンと標準偏差を求めよ．また，資産 1 に 40%，資産 2 に 80% 投資するポートフォリオの期待リターンと標準偏差を求めよ．

2. さらに，安全資産の収益率が $R_f = 0.03$ と与えられた場合の資本市場線を図示するプログラムを作成せよ．

3. ある資産 A の標準偏差が $\sigma_A = 0.4$，市場ポートフォリオとの相関が $\rho_{A,M} = 0.75$ と与えられ，また市場ポートフォリオの期待収益率，標準偏差がそれぞれ $\mu_M = 0.135, \sigma_M = 0.25$，安全資産の収益率が $R_f = 0.01$ だったとする．CAPM が成立するものとして，資産 A の β 値，および期待収益率を求めよ．

CHAPTER FIVE

金利スワップと割引係数

金利やイールドカーブはさまざまな金融商品を評価する上での基礎となる．デリバティブ（派生商品）とは将来キャッシュフローが何らかの資産（原資産と呼ぶ）に依存して決まり，そのプライシングとは将来起こりえるキャッシュフローを現在価値に割り引いて評価するものであるが，その割引係数 (Discount Factor) は市場金利から導出される[†1]．本章では金利デリバティブの基本的な商品である金利スワップの評価法や割引係数の導出方法について述べる．

5.1 金利スワップとは

金利スワップとは金利デリバティブの代表的な商品であり，デリバティブのプライシングなどで使用される割引係数を求める際にも用いられる．商品特性そのもののみならず，割引係数の導出法までぜひとも理解しておきたい．デリバティブというと難解なイメージをもたれるかもしれないが，金利スワップとは短期で資金を借りてきて長期国債の購入，あるいは長期貸し出しを行い，その後も短期金利で資金を借りながら（これをロールするともいう）国債の保有や貸し出しを続ける，あるいはその逆のキャッシュフローと基本的には同じ効果をもつ商品である．たとえば6ヶ月金利で10億円を借りてきて，10年国債を買うあるいは貸し出しを行うことを考える．これを10年間続ける場合，6ヶ月毎にその時点での6ヶ月短期金利で10億円を借り続ける一方，決まったクーポンあるいは貸し出し金利を受け取ることになる．つまり，支払いが6ヶ月の変動金利であるのに対して，受け取る金利は固定されている．金利ス

[†1] 金利1%で100円を銀行に預けると1年後に101円となる．この場合1年後の101円は現在の100円と等価と考えられ，1年後のキャッシュフローを100/101倍することで現在価値を求めることができる．この100/101を割引係数と呼ぶ．2.5節も参照．

ワップとは，このように変動金利と固定金利の交換を行う取引が基本となる．10年スワップ金利といった場合，6ヶ月変動金利[†2]と10年間交換し続ける場合に妥当と考えられる固定金利のことを指す．この固定金利はパーレート (par rate) と呼ばれ，10年間の平均期待金利とも解釈される．金利スワップと国債購入や貸し出しとの大きな違いは元本の取り扱いについてである．実際に国債の購入や貸し出しを行う場合には元本10億円の受け渡しが必要となるが，金利スワップの場合には，実際に10億円の受け渡しはなく，変動金利と固定金利の交換のみが行われる．そのため，この10億円は想定元本と呼ばれる．また，言葉の定義であるが，固定金利を受け取る場合をスワップの受け，支払う場合をスワップの払いなどという．

将来金利の予測に基づき金利スワップ取引を行う場合，元本を必要としない分だけ比較的大きな額を取り扱うことが可能となる．これを「レバレッジをかける」というが，国債購入などに比べて投機的に取引を行うことができる．その一方で，金利スワップ契約を結ぶことによって金利変動リスクをヘッジすることもできる．また，景気と金利は連動するため，景気変動に伴う収益のブレもある程度ヘッジすることが可能となる．国債利回り同様，スワップ金利も年限毎に異なる．横軸に年限を縦軸にスワップ金利をプロットしたカーブをイールドカーブと呼ぶが，通常，長期になるほど金利が高くなる順イールドであるため固定金利は変動金利よりも高い水準となる．この金利差は将来の金利変動をヘッジするためのコストともいえる．

以下で金利スワップのプライシングについての説明を行う．プライシングとは適切なスワップ金利を求めることである．実際は市場で与えられている標準年限のスワップ金利とプライシングの式を用いて，割引係数やフォワードレートの導出をまず行う．そして導出された割引係数を用いて，すでに保有している任意の年限の金利スワップを評価したり，他のデリバティブの評価を行ったりするのである．

5.2　金利スワップのプライシングと割引係数の導出

スワップ金利は"受け取り額期待値の現在価値"と"支払い額期待値の現在価値"が等しくなるように設定される[†3]．よって，スワップ契約締結時は両者に差がないので，両者の差で表される評価額はゼロとなる．また，すでに保有しているスワップのプライスは受け取り額期待値の現在価値と支払い額期待値の現在価値の差として評価される．以下でこの関係を見ていく．

金利の交換が時点 $t_1, t_2, \cdots, t_i, \cdots, t_N$ ($\tau_i = t_i - t_{i-1}$) で起こり，固定金利（ス

[†2] ここでは6ヶ月変動金利を用いて話を進めるが，3ヶ月変動金利など期間の異なる金利を用いる場合もある．変動金利としては Libor (London Inter-bank Offered Rate) や Tibor (Tokyo Inter-bank Offered Rate) などが用いられることが多いが，これらは算出法に関する問題点が指摘されており今後変更される可能性もある．またリーマンショック以前は無リスク金利として取り扱われていたが，リーマンショック後は Libor や Tibor のリスク，主に銀行のクレジットリスクが意識されるようになった．

[†3] もしどちらか一方の価値が高ければ，投資は一方に偏る．その結果，両者の価値が等しくなるまで価格が変動することになる．

5.2 金利スワップのプライシングと割引係数の導出

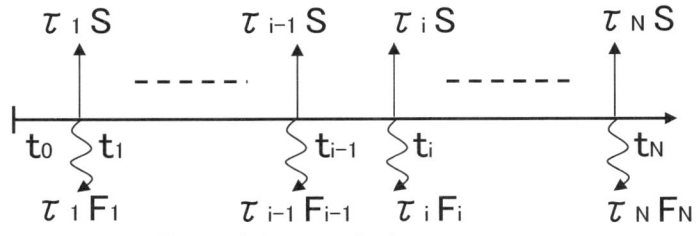

図 5.1 金利スワップのキャッシュフロー

ワップ金利）を S, 時点 t_i に交換する変動金利を F_i, また時点 t_i から現在への割引係数を D_i などと書く[†4]. また想定元本は 1 とする（図 5.1）. 固定金利側のキャッシュフローの現在価値は, t_i 時点でのキャッシュフロー $\tau_i S$ を割引係数 D_i で割り引いた現在価値の総和として,

$$\mathrm{Fix} = \sum_{i=1}^{N} \tau_i S D_i \tag{5.1}$$

と表される. 一方で, 変動金利側も同様に t_i 時点でのキャッシュフロー $\tau_i F_i$ を割引係数 D_i で割り引いた現在価値の総和として,

$$\mathrm{Float} = \sum_{i=1}^{N} \tau_i F_i D_i$$

と表すことができる. ここで注意が必要なのは, 変動金利 F_i は将来時点で決まる値であるということである. 通常 t_{i-1} で決定される変動金利 F_i はその期待値であるフォワードレートを用いて計算され, 割引係数と

$$D_i = D_{i-1}/(1 + \tau_i F_i) \quad \Leftrightarrow \quad F_i = \frac{1}{\tau_i}\left(\frac{D_{i-1}}{D_i} - 1\right)$$

の関係がある. これは t_i から現時点までの割引係数 D_i が, t_i から t_{i-1} までのフォワードレートによって $(1+\tau_i F_i)^{-1}$ で割り引いた後 t_{i-1} から現時点まで D_{i-1} で割り引くのと等価であることを示している. また, D_0 は現時点から現時点への割引係数を表すが, 当然, 割り引く必要はないので $D_0 = 1$ となる. よって, 変動金利側の現在価値は

$$\mathrm{Float} = \sum_{i=1}^{N}(D_{i-1} - D_i) = 1 - D_N \tag{5.2}$$

と書ける. よって式 (5.1), (5.2) から, 現時点でのスワップ金利 S は固定金利側と変動金利側の現在価値が等しくなるように, つまり Fix = Float より,

$$S = (1 - D_N)\Big/\sum_{i=1}^{N} \tau_i D_i \tag{5.3}$$

と計算される.

[†4] 通常, 時点 t_i で交換する変動金利は時点 t_{i-1} に決定される.

実際には，市場で与えられているスワップ金利 S から式 (5.3) を用いて，割引係数やフォワードレートを計算し，すでに保有しているスワップの現在価値やさまざまなデリバティブのプライシングを行う．そこで，次に市場スワップ金利から割引係数を計算する方法を例示する．6ヶ月変動金利を参照金利とし，金利の受け渡しも6ヶ月毎に行われる金利スワップ取引を考える．市場で各年限 (T) に対するスワップ金利 (Swap) が図 5.2 のように与えられていたとする．

T (year)	0.5	1	1.5	2	3	4	5	6	7	8	9	10	12	15	20	25	30
Swap (%)	0.345	0.349	0.353	0.359	0.378	0.416	0.479	0.567	0.674	0.795	0.916	1.031	1.238	1.479	1.716	1.811	1.853

図 5.2　スワップ金利

まず，このデータを補間して6ヶ月（0.5年）毎のスワップ金利（パーレートとも呼ばれる）を求める．補間にはスプライン補間を用いて計算してみることにする．R では smooth.spline () でオブジェクトを作成して，predict () で補間値を求めることができる．

```
> T <- c (0.5,1,1.5,2,3,4,5,6,7,8,9,10,12,15,20,25,30)    #単位は年
> Swap <- c (0.345,0.349,0.353,0.359,0.378,0.416,0.479,0.567,0.674,
+ 0.795,0.916,1.031,1.238,1.479,1.716,1.811,1.853)        #単位は%
> sp <- smooth.spline (T,Swap)
> T1 <- seq (0.5,30,length=60) #0.5年毎に30年まで年限を設定
> Yield <- predict (sp,T1)
> Yield #補間された金利の値
$x
 [1]  0.5  1.0  1.5  2.0  2.5  3.0  3.5  4.0  4.5  5.0  5.5  6.0  6.5
[14]  7.0  7.5  8.0  8.5  9.0  9.5 10.0 10.5 11.0 11.5 12.0 12.5 13.0
[27] 13.5 14.0 14.5 15.0 15.5 16.0 16.5 17.0 17.5 18.0 18.5 19.0 19.5
[40] 20.0 20.5 21.0 21.5 22.0 22.5 23.0 23.5 24.0 24.5 25.0 25.5 26.0
[53] 26.5 27.0 27.5 28.0 28.5 29.0 29.5 30.0

$y
 [1] 0.3450000 0.3490000 0.3530000 0.3590000 0.3668771 0.3780000
 [7] 0.3940985 0.4160000 0.4442288 0.4790000 0.5202365 0.5670000
[13] 0.6183254 0.6740000 0.7335868 0.7950000 0.8560773 0.9160000
[19] 0.9743539 1.0310000 1.0858510 1.1387505 1.1895247 1.2380000
[25] 1.2840404 1.3276610 1.3689145 1.4078537 1.4445312 1.4790000
[31] 1.5113149 1.5415396 1.5697401 1.5959823 1.6203319 1.6428551
[37] 1.6636175 1.6826852 1.7001241 1.7160000 1.7303865 1.7433882
[43] 1.7551170 1.7656852 1.7752048 1.7837881 1.7915471 1.7985940
[49] 1.8050409 1.8110000 1.8165679 1.8217797 1.8266548 1.8312130
[55] 1.8354737 1.8394565 1.8431809 1.8466666 1.8499331 1.8530000
```

スプライン補間されたスワップ金利を作図してみると，図5.3のように各点を通る滑らかな曲線が引かれていることがわかる．

```
> plot (T,Swap)
> lines (Yield)
```

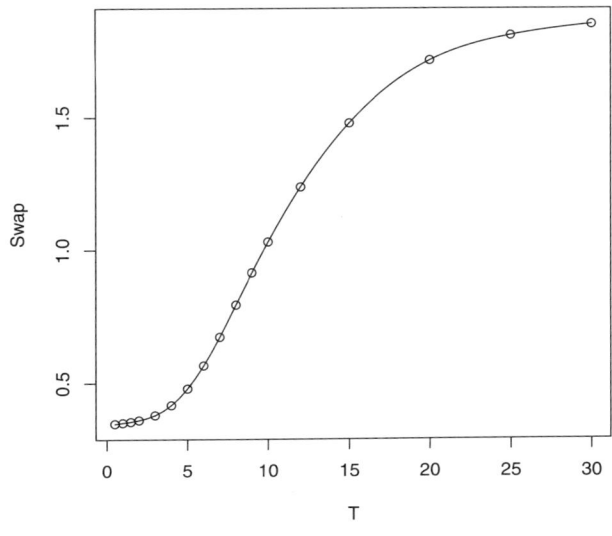

図 **5.3** スワップ金利とその補間

また，ある特定の年限，たとえば17年のスワップ金利は

```
> Y <- predict (sp,x=17)
> cat ("T =", Y$x, ", Rate = ", Y$y, "\n")
T = 17 , Rate =  1.595982
```

と求めることができる．

次に，ブートストラップ法と呼ばれる手法で割引係数を求める．もし，t_{N-1} までの割引係数 D_{N-1} が既知であれば，式 (5.3) より D_N は，

$$D_N = \left(1 - S \sum_{i=1}^{N-1} \tau_i D_i \right) \Big/ (1 + \tau_N S) \tag{5.4}$$

と計算することができる．ここで S は年限 t_N のスワップ金利である．つまり，t_1 の割引係数 D_1 から順番に計算していくことによって t_N の割引係数 D_N まで求めることができる[5]．

```
> DF <- rep (0,60)  #割引係数を格納するDFを用意
> Par <- Yield$y/100  #1%を0.01などに変換
> DF[1] <- 1/ (1+0.5*Par[1])  #0.5年のパーレートから割引係数D_1を計算
```

---

[5] ブーツの靴紐を結ぶように下から順番に計算していくのでブートストラップ法という名がついている．

式 (5.4) より，30年までの割引係数は，

```
> for (i in 2:60) {DF[i] <- (1-Par[i]*sum (0.5*DF[1:i-1]))/ (1+0.5*Par[i]) }
```

と計算される．図示すると図5.4のようになる．

```
> plot (T1,DF)
```

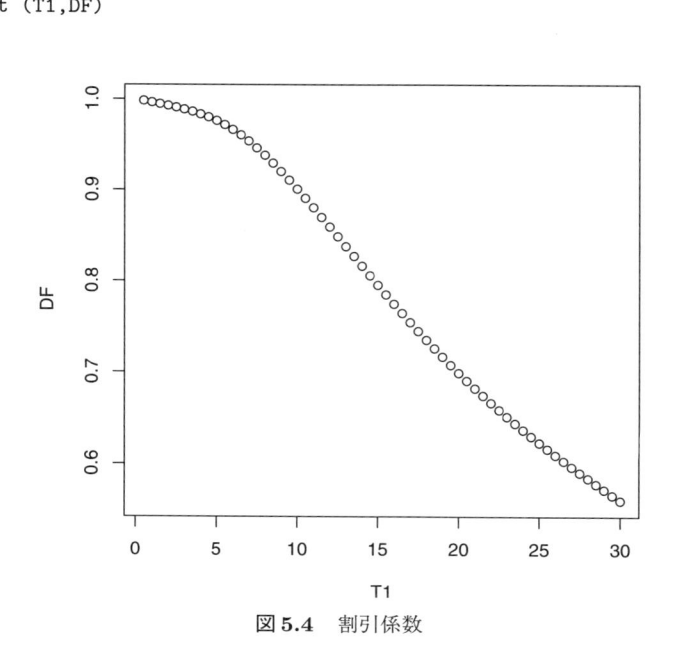

図 5.4　割引係数

割引係数 D_i が与えられると，次式で定義されるスポットレートやフォワードレートを求めることができる．

$$D_i = 1/(1 + \text{Spot}_i)^{t_i} \quad \Leftrightarrow \quad \text{Spot}_i = \left(\frac{1}{D_i}\right)^{1/t_i} - 1$$

$$D_i = D_{i-1}/(1 + \tau_i F_i) \quad \Leftrightarrow \quad F_i = \frac{1}{\tau_i}\left(\frac{D_{i-1}}{D_i} - 1\right)$$

R では次のように計算できる．

```
> Spot <- (1/DF) ^ (1/T1) -1
> DF1 <- c (1,DF[1:59])
> FWD <- (DF1/DF-1) /0.5
```

またそれぞれを作図すると，図5.5のようになる．

```
> plot (T1,100*Par,xlab="T",ylab="Rate (%) ",ylim=c (0,3),type="l")
> lines (T1,100*Spot,lty=2)
> lines (T1,100*FWD,lty=3)
> legend (1,3,legend=c ("Par","Spot","Forward"),lty=c (1,2,3)) #凡例追加
```

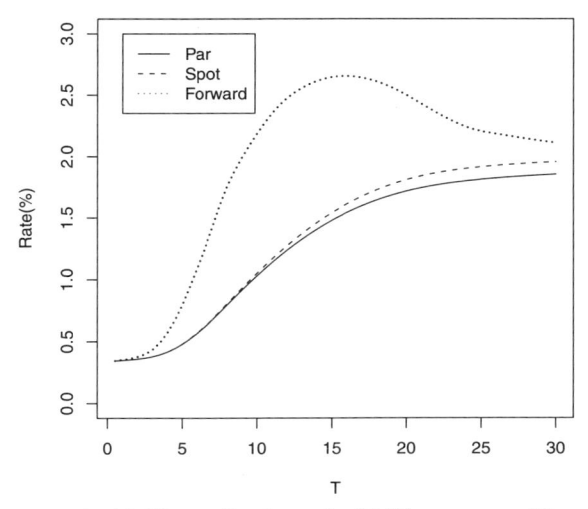

図 5.5 パーレート（実線），スポットレート（破線），フォワードレート（点線）

5.3 金利スワップの評価とリスク分析

割引係数がわかると，すでに保有している金利スワップの時価評価をしたりリスク量を計算したりすることが可能となる．上述したとおり，金利スワップ締結時は価値がゼロとなるようにスワップ金利が決定されるため，スワップの受けでも払いでもその現在価値はゼロとなるが，時間が経過し金利が変動するとその価値も変化していく．

過去に契約した想定元本 10,000，残存年数 4.5 年，固定金利 0.45% 受けの金利スワップを保有しているとする．市場のスワップ金利が図 5.2 で与えられているとすると，現在の 4.5 年のスワップ金利は，

```
> predict (sp,x=4.5) $y
[1] 0.4442288
```

と約 0.44% なので 0.45% の受けは正の価値があることがわかる．受け取り額の現在価値 R_{PV}，支払い額の現在価値 P_{PV} は，式 (5.1), (5.2) と同様に，

$$R_{\mathrm{PV}} = 10000 \sum_1^9 \tau_i S D_i$$

$$P_{\mathrm{PV}} = 10000\,(1 - D_9)$$

と計算される．よって，保有する金利スワップの現在価値 PV は，両者の差をとって

$$\mathrm{PV} = R_{\mathrm{PV}} - P_{\mathrm{PV}}$$

となる．実際に計算してみると，0.5 年から 4.5 年までの割引係数は

```
> DF[1:9]
[1] 0.9982780 0.9965191 0.9947235 0.9928516 ......
```

と与えられているので，それぞれ，

```
> R_PV <- 10000*0.5*0.0045*sum(DF[1:9]) #受け取り額の現在価値
> R_PV
[1] 200.5199
> P_PV <- 10000*(1-DF[9]) #支払い額の現在価値
> P_PV
[1] 197.9483
> PV <- R_PV - P_PV #保有スワップの現在価値
> PV
[1] 2.571666
```

と求められる．もし，固定金利の払いを保有していた場合は符号が逆になり負の価値となる．

次にリスク量の計算であるが，ここでリスク量とは，金利が現在の値から変動した場合に保有している金利スワップの価値がどの程度変化するのかを表すものである．スワップ金利に対するリスクを計算する場合，スワップ金利を現在の値から $\pm 1\mathrm{bp}$ ($=\pm 0.01\%$) 変化させて[6]，上と同様の方法によってそれぞれの現在価値 $\mathrm{PV}_{\pm}$ を求める．そうすると，リスク感応度であるデルタ (Δ)，ガンマ (Γ) は次式で定義される．

$$\Delta = \frac{\mathrm{PV}_+ - \mathrm{PV}_-}{2*(1\mathrm{bp})}$$

$$\Gamma = \frac{\mathrm{PV}_+ - 2\mathrm{PV} + \mathrm{PV}_-}{(1\mathrm{bp})^2}$$

この式を見ると，デルタは金利変動に対する現在価値の1階微分，ガンマは2階微分となっていることがわかる．よって，もし金利が dx 変化した際の現在価値を知りたい場合には，テイラー展開から近似的に，

$$\mathrm{PV}_{dx} = \mathrm{PV} + \Delta dx + \frac{1}{2}\Gamma dx^2$$

などと計算することができる．実際にカーブを dx 変化させて現在価値を計算すれば正確な値を得ることができるのだが，ポートフォリオ内の多くのポジションを管理する場合に，すべてのポジションについて現在価値を再計算するのには手間がかかる．そこでポートフォリオ全体のデルタやガンマといったリスク量によってポートフォリオのリスク管理を行う．また，カーブ全体ではなく各年限の金利を変化させて，年限ごとのリスク量を計算することで，特定年限へリスクの偏りがないかなどを見ていくことも可能である．

以下にリスク量を計算する R プログラム例を示す．

---

[6] 1bp の bp はベーシスポイント (basis point)．

```
> Swap_p <- Swap+0.01 #+1bp 変化させた金利カーブ（単位は%）
> Swap_m <- Swap-0.01 #-1bp 変化させた金利カーブ（単位は%）
>
> #それぞれのカーブをスプライン補間
> sp_p <- smooth.spline (T,Swap_p)
> sp_m <- smooth.spline (T,Swap_m)
> Par_p <- predict (sp_p,T1) $y/100
> Par_m <- predict (sp_m,T1) $y/100
>
> #それぞれのカーブに対する割引係数の導出
> DF_p <- rep (0,60)
> DF_m <- rep (0,60)
> DF_p[1] <- 1/ (1+0.5*Par_p[1])
> DF_m[1] <- 1/ (1+0.5*Par_m[1])
> for (i in 2:60) {DF_p[i] <- (1-0.5*Par_p[i]*sum (DF_p[1:i-1]))/
+ (1+0.5*Par_p[i]) }
> for (i in 2:60) {DF_m[i] <- (1-0.5*Par_m[i]*sum (DF_m[1:i-1]))/
+ (1+0.5*Par_m[i]) }
>
> #金利を上下に1bp変動させた場合の現在価値を計算
> PV_p <- 10000* (0.5*0.0045*sum (DF_p[1:9]) - (1-DF_p[9]))
> PV_m <- 10000* (0.5*0.0045*sum (DF_m[1:9]) - (1-DF_m[9]))
> PV_p
[1] -1.883863
> PV_m
[1] 7.029414
```

デルタやガンマは次のように求められる．

```
> Del <- (PV_p-PV_m) / (2*0.0001) #1bp=0.01%=0.0001
> Del
[1] -44566.39
> Gam <- (PV_p-2*PV+PV_m) /0.0001^2
> Gam
[1] 221844.9
```

金利が10bp上昇した場合の現在価値の近似値は次のように計算される．

```
> PV+Del*0.001+0.5*Gam*0.001^2
[1] -41.8838 #実際に10bp変化するとPVは-41.884となる
```

5.4 演習問題

1. 過去に契約した想定元本 10,000, 残存年数 4.5 年, 固定金利 0.46% 受けの金利スワップを保有しているとする. 現在のスワップ金利が図 5.2 で与えられていた場合, その価値はいくらとなるか.

2. デルタ, ガンマはいくらとなるか. また, 金利が 10bp 上昇した場合, このスワップの価値はいくらとなるか. デルタ, ガンマを用いて計算せよ.

3. もし, 4 年のスワップ金利のみが現在の値から 1bp 上昇した場合, このスワップの価値はいくらとなるか.

6

CHAPTER SIX

ツリーモデル

デリバティブに議論を絞った場合，数値計算を用いる目的の一つとしてデリバティブの現在価値を求めること，つまりデリバティブのプライシングがある[†1]．デリバティブ（派生商品）とは，その価値が他の資産（原資産）の価値から派生的に与えられるような証券である．デリバティブのプライシングはリスク資産と安全資産（リスクフリー資産）の挙動をモデル化して行われる．デリバティブのプライシングを行う際に直感的に理解しやすいものの一つは 2 項モデルを用いた導出である．そこで，本章では主に 2 項モデルに関する議論を行う．

6.1 1 期間モデル

6.1.1 モデルのセットアップ

1 期間モデルとは初期時点 0 から時点 1 への価格変化をモデル化するものである．また，2 項モデルではリスク資産の価格変化は 2 通りしか仮定せず，ここではこれを簡単に "up"，"down" とする．そして，もし事象 ω_u が発生したら（これは確率 $P(\omega_u)$ で発生する）価格は S から $(1+u)S$ へ，もし事象 ω_d が発生したら（これは確率 $P(\omega_d)$ で発生する）価格は S から $(1+d)S$ へと変化するものとする．ただし，$d < u$ とする．さらに，安全資産の存在を仮定する．これは事象 ω_u が発生しても，ω_d が発生しても，一定の収益を上げる資産とする．ここでは，初期時点 0 では価値 1 をもち，時点 1 では価値 $1+r$ をもつものとする．

以下，二つの仮定を与えてモデルを構築する．

[†1] 無論，そのほかにもヘッジポートフォリオの導出，デルタ，ガンマ等のリスク値の導出など実務上必須の事項もある．あるいは，より高度な実務的要求も存在する．

> **モデルの仮定**
> - 証券市場は摩擦がないものとする．すなわち，取引コストおよび税がなく，任意の単位で売買でき，空売り制約および配当も存在しないものとする．
> - 市場は無裁定条件を満たすものとする．

無裁定については CAPM の章でも触れたが，1 期間 2 項モデルにおいて市場が無裁定であるためには $d < r < u$ が必要となる．これは次のように簡単に示すことができる．時点 0 において投資家の資産をゼロとする．ここで S 単位の安全資産を借り入れ，リスク資産 S を購入するとしよう．すると，この投資家のキャッシュフローは時点 0 では $S - S = 0$，また時点 1 では 2 通りの可能性があり，もし事象 ω_u が生じ価格が上昇した場合，$-(1+r)S + (1+u)S = (u-r)S$ であり，ω_d が生じ価格が下落した場合，$-(1+r)S + (1+d)S = (d-r)S$ となる．もし，$u - r > 0$ かつ $d - r > 0$ であれば，初期コストゼロで確実に利益を得ることができ裁定が生じる．したがって，無裁定であるためには $u - r > 0$，かつ $d - r < 0$ が必要となる．以上から，裁定機会が存在しないためには，$d < r < u$ が必要であることがわかる．

6.1.2 デリバティブのプライシング

ここからいよいよデリバティブのプライシングを行う．もっとも単純なデリバティブは Arrow-Debreu 証券である．Arrow-Debreu 証券とは，ある事象が生じたときには 1，それ以外の場合にはゼロのペイオフ（支払い）が生じるような証券である．たとえば，事象 ω_u が生じたときには 1 のペイオフを生み，そうでない場合にはゼロとなるような証券もそうであるし，事象 ω_d が生じたときはペイオフ 1 を生み，そうでないときはゼロとなるような証券もそうである．以下では前者の Arrow-Debreu 証券を ϕ_u，後者を ϕ_d と書こう[2]．ところで，Arrow-Debreu 証券がデリバティブ（派生商品）と言われるのは，Arrow-Debreu 証券の現時点における価値が上で定義したリスク資産と安全資産によって決定されるからだ．また，その意味でこれらリスク資産と安全資産は派生商品に対する原資産と呼ばれる[3]．また，Arrow-Debreu 証券はもっとも単純なデリバティブであると同時にもっとも基本的なデリバティブでもある．それは，後述するようにその他すべてのデリバティブのプライシングが Arrow-Debreu 証券によってプライシングできるからである．その意味でも，Arrow-Debreu 証券についてきちんと理解しておくことは重要である．

それでは，Arrow-Debreu 証券のプライシングを行おう．ファイナンス理論におけ

---

[2] 今われわれが考えているのは 2 項モデルであり，将来時点でただ二つの事象 ω_u, ω_d が生じることしか想定していないので，ϕ_u, ϕ_d の二つの Arrow-Debreu 証券を考えるだけで十分なのである．もちろん，より拡張したモデルにおいてはより多くの Arrow-Debreu 証券を考えることができる．

[3] 一般に，原資産としての安全資産とリスク資産の価値は所与として外性的に与えられることが多い．現実には，需給の関係から市場原理に即して決まると考えるのが自然であるが，ファイナンス理論では時にそうした点を捨象し，適当な確率過程モデルに当てはめる場合が多い．

6.1　1期間モデル　113

るプライシングの基本は無裁定条件を使うことにある．具体的には，原資産と派生商品のペイオフの比較から，裁定が生じないように価値を決める，というものだ．まず，安全資産とArrow-Debreu証券の組合せ（ポートフォリオ）を比較してみよう．

- ポートフォリオ1：時点0において$1/(1+r)$単位の安全資産に投資
- ポートフォリオ2：時点0においてϕ_u, ϕ_dにそれぞれ1単位投資

このポートフォリオ1，2の時点1における価値は

- ポートフォリオ1：事象ω_u, ω_d，いずれのケースにおいても価値は1
- ポートフォリオ2：事象ω_u, ω_d，いずれのケースにおいても価値は1

となる．

ポートフォリオ1の価値の推移

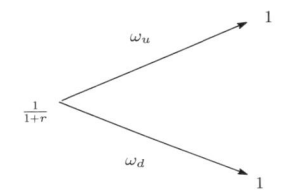

$$\frac{1}{1+r} \begin{array}{c} \nearrow^{\omega_u} 1 \\ \searrow_{\omega_d} 1 \end{array}$$

ポートフォリオ2の価値の推移

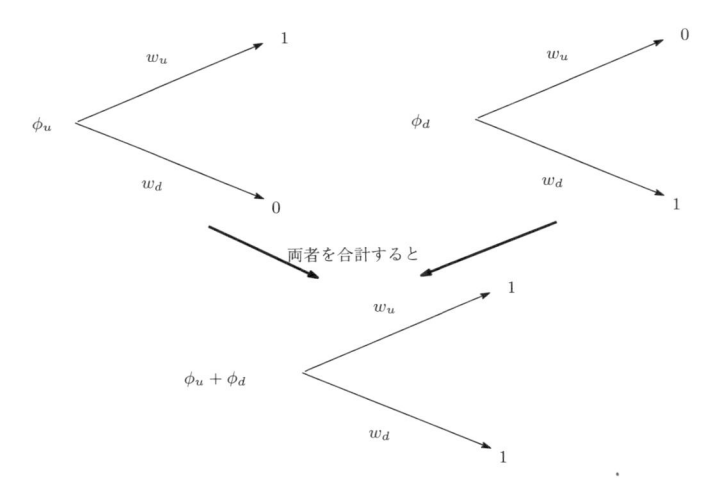

$$\phi_u \begin{array}{c} \nearrow^{w_u} 1 \\ \searrow_{w_d} 0 \end{array} \qquad \phi_d \begin{array}{c} \nearrow^{w_u} 0 \\ \searrow_{w_d} 1 \end{array}$$

両者を合計すると

$$\phi_u + \phi_d \begin{array}{c} \nearrow^{w_u} 1 \\ \searrow_{w_d} 1 \end{array}$$

時点1における両ポートフォリオの価値は等しい．よって，もし時点0における両ポートフォリオの価値が異なれば裁定機会が生じる．そこで，市場が無裁定であるためには次の関係が必要となる．

$$\phi_u + \phi_d = 1/(1+r) \tag{6.1}$$

次に，リスク資産とArrow-Debreu証券を比較するために，以下のポートフォリオを考える．

- ポートフォリオ 3：時点 0 においてリスク資産 S に投資
- ポートフォリオ 4：時点 0 において ϕ_u に $(1+u)S$ 単位, ϕ_d に $(1+d)S$ 単位投資

これらのポートフォリオは時点 1 において以下の価値をもつ.

- ポートフォリオ 3：事象 w_u の下で $(1+u)S$, 事象 w_d の下で $(1+d)S$
- ポートフォリオ 4：事象 w_u の下で $(1+u)S$, 事象 w_d の下で $(1+d)S$

ポートフォリオ 3 の価値の推移

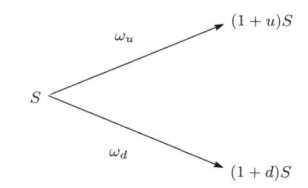

$$S \begin{array}{c} \xrightarrow{\omega_u} (1+u)S \\ \xrightarrow{\omega_d} (1+d)S \end{array}$$

ポートフォリオ 4 の価値の推移

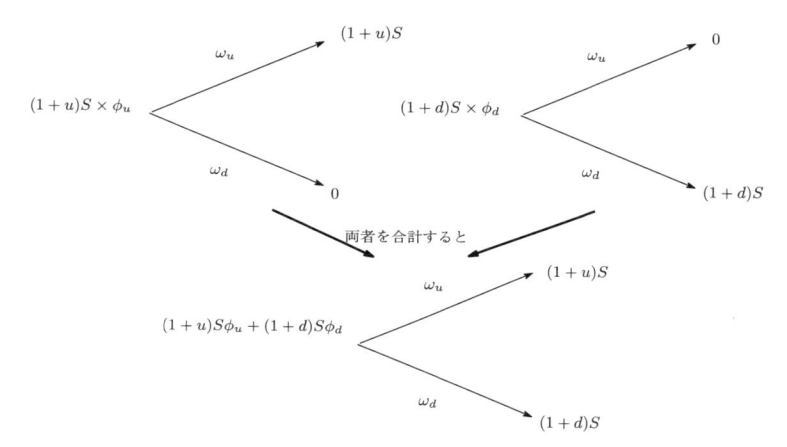

$$(1+u)S \times \phi_u \begin{array}{c} \xrightarrow{\omega_u} (1+u)S \\ \xrightarrow{\omega_d} 0 \end{array} \qquad (1+d)S \times \phi_d \begin{array}{c} \xrightarrow{\omega_u} 0 \\ \xrightarrow{\omega_d} (1+d)S \end{array}$$

両者を合計すると

$$(1+u)S\phi_u + (1+d)S\phi_d \begin{array}{c} \xrightarrow{\omega_u} (1+u)S \\ \xrightarrow{\omega_d} (1+d)S \end{array}$$

先のケースと同様に，ポートフォリオ 3 とポートフォリオ 4 の時点 1 における価値は等しい．よって，無裁定条件を満たすためには

$$(1+u)S\phi_u + (1+d)S\phi_d = S \tag{6.2}$$

が必要となる.

式 (6.1), (6.2) を解くと，以下が得られる.

$$\begin{cases} \phi_u = \dfrac{1}{1+r}\dfrac{r-d}{u-d} \\ \phi_d = \dfrac{1}{1+r}\dfrac{u-r}{u-d} \end{cases} \tag{6.3}$$

これが Arrow-Debreu 証券の現時点における価格である.

具体的な数値を用いて Arrow-Debreu 証券の価格を計算してみよう．たとえば, $u = 0.2, d = -0.1, r = 0.1$ としよう.

```
    arrow_debrue <- function (r,u,d)
    {
     phi_u <- (r-d) / ((1+r) * (u-d))
     phi_d <- (u-r) / ((1+r) * (u-d))
     return (c(phi_u,phi_d))
    }
```

これを実行してみる．

```
> arrow_debrue (0.1,0.2,-0.1)
[1] 0.6060606 0.3030303
```

ここまでで Arrow-Debreu 証券の価格を求めたが，安全資産とリスク資産を用いて Arrow-Debreu 証券を複製できないだろうか．ここで複製というのは，Arrow-Debreu 証券の生み出すキャッシュフローと同じキャッシュフローを安全資産とリスク資産の組合せからなるポートフォリオによって作り出すことである．実は Arrow-Debreu 証券価格が求まった今，これは容易である．たとえば，Arrow-Debreu 証券 ϕ_u の複製はリスク資産を $\frac{1}{(u-d)S}$ 単位，安全資産を $-\frac{1+d}{(1+r)(u-d)}$ 単位（符号が負であることに注意）保有することで可能である．実際，このポートフォリオの時点 0 における価値は式 (6.3) に一致しており，時点 1 におけるキャッシュフローは事象 ω_u が生じたときには

$$\frac{1}{(u-d)S}(1+u)S - \frac{1+d}{(1+r)(u-d)}(1+r) = 1$$

事象 ω_d が生じたときは

$$\frac{1}{(u-d)S}(1+d)S - \frac{1+d}{(1+r)(u-d)}(1+r) = 0$$

となり，確かに Arrow-Debreu 証券 ϕ_u を複製している．同様にして，Arrow-Debreu 証券 ϕ_d も，リスク資産を $-\frac{1}{(u-d)S}$ 単位，安全資産を $\frac{1+u}{(1+r)(u-d)}$ 単位保有することによって複製できる．

数値例を用いて Arrow-Debreu 証券の複製ポートフォリオを計算しよう．ここでは，$r = 0.1, u = 0.2, d = -0.1, S = 100$ とする．

```
    repli <- function (r,u,d,S)
    {
     #Arrow-Debreu証券 phi_u の複製ポートフォリオを求める
     phi_u_S <- 1/ ((u-d) *S) #リスク資産の保有量
     phi_u_B <- - (1+d) / ((1+r) * (u-d)) #安全資産の保有量

     #Arrow-Debreu証券 phi_d の複製ポートフォリオを求める
     phi_d_S <- -1/ ((u-d) *S) #リスク資産の保有量
     phi_d_B <- (1+u) / ((1+r) * (u-d)) #安全資産の保有量
```

```
        return (rbind("phi_uへの複製ポートフォリオ"=c (phi_u_S, phi_u_B), "phi_d
        への複製ポートフォリオ"=c (phi_d_S, phi_d_B)))
    }
```

これを実行してみよう．

```
> repli (0.1,0.2,-0.1,100)
                             [,1]        [,2]
phi_uへの複製ポートフォリオ    0.03333333  -2.727273
phi_dへの複製ポートフォリオ   -0.03333333   3.6363
```

Arrow-Debreu 証券の意義　実は Arrow-Debreu 証券のプライシングができることは，任意のデリバティブのプライシングができることを意味する．なぜなら，任意のペイオフをもつデリバティブは Arrow-Debreu 証券の適当な組合せで構成できるからである．このことを以下で確認する．

C_0 を時点 0 におけるあるデリバティブの価格とする．時点 1 においてこのデリバティブがペイオフ (C_u, C_d) をもつとする．すなわち，事象 ω_u が発生したらペイオフ C_u，事象 ω_d が発生したらペイオフ C_d が生じる．このデリバティブは以下のようなポートフォリオによって複製可能である．

$$\phi_u C_u + \phi_d C_d \tag{6.4}$$

これは Arrow-Debreu 証券 (ϕ_u, ϕ_d) をそれぞれ C_u, C_d 単位保有する，という意味である．このようなポートフォリオがデリバティブ C_0 を複製していることを示そう．もし事象 ω_u が生じた場合，デリバティブ C_0 は C_u のペイオフを生じる．他方で，式 (6.4) のポートフォリオは $1 \times C_u + 0 \times C_d$ のペイオフを生じる．また，事象 ω_d が生じた場合，デリバティブ C_0 のペイオフは C_d であるのに対し，式 (6.4) のポートフォリオのペイオフは $0 \times C_u + 1 \times C_d$ となり，確かに式 (6.4) で表される Arrow-Debreu 証券によるポートフォリオがこのデリバティブを複製していることがわかる．ここで，(C_u, C_d) は任意に与えられていることから，任意のデリバティブが Arrow-Debreu 証券で複製できることがわかる．また，事象は ω_u, ω_d の二つしかない確率空間を考えているが，これを拡張することは可能である．その際にも，拡張された事象に対して Arrow-Debreu 証券を拡張していけば同様の議論が可能である．

以上より，任意のデリバティブはもっとも基本的なデリバティブである Arrow-Debreu 証券で複製可能であることがわかった．また，すでに見たとおり Arrow-Debreu 証券は原資産によって複製可能である．すなわち，任意のデリバティブも原資産によって複製可能となる．

6.1.3　リスク中立測度によるプライシング

上の議論から，Arrow-Debreu 証券によって任意のデリバティブが複製可能であることがわかったが，もしデリバティブ価格 C_0 が時点 0 における Arrow-Debreu 証券

から組成したポートフォリオ価値 $\phi_u C_u + \phi_d C_d$ と異なる場合は明らかに裁定機会が生じる．したがって，$C_0 = \phi_u C_u + \phi_d C_d$ でなければならない．すなわち，複製を通して，デリバティブの価格を決定できるのだ．このように，任意のデリバティブは Arrow-Debreu 証券を用いてプライシング可能であるが，ここではリスク中立測度と呼ばれる確率測度を用いたプライシングについて考察する．

式 (6.3) より，

$$\begin{aligned} C_0 &= \phi_u C_u + \phi_d C_d \\ &= \frac{1}{1+r}\frac{r-d}{u-d}C_u + \frac{1}{1+r}\frac{u-r}{u-d}C_d \end{aligned} \tag{6.5}$$

となる．また，

$$Q(w_u) = \frac{r-d}{u-d} \tag{6.6}$$

$$Q(w_d) = \frac{u-r}{u-d} \tag{6.7}$$

を定義して，上式を書き換えると，

$$C_0 = \frac{C_u}{1+r}Q(w_u) + \frac{C_d}{1+r}Q(w_d) \tag{6.8}$$

となる．ここで，$Q(w_u), Q(w_d)$ は確率の定義

$$Q(w_u) + Q(w_d) = 1 \tag{6.9}$$

$$0 < Q(w_u), Q(w_d) < 1 \tag{6.10}$$

を満たし，Q は P と同値な（そしてある意味人工的な）確率測度と考えることができる[†4]．すると，形式的に任意のデリバティブが確率測度 Q の下で期待値評価できることがわかる．すなわち，式 (6.8) より以下のように書くことができる．

$$C_0 = \mathbb{E}^Q\left[\frac{C_1}{1+r}\right]$$

ここで，C_1 はデリバティブの時点 1 における価格であり，

$$C_1 = \begin{cases} C_u & \text{if } \omega_u \text{ happened} \\ C_d & \text{if } \omega_d \text{ happened} \end{cases}$$

である．同じことだが，

$$\frac{C_0}{B_0} = \mathbb{E}^Q\left[\frac{C_1}{B_1}\right] \tag{6.11}$$

とも書ける．ここでは時点を明示するために安全資産の価格を B_0, B_1 と書いた．もちろん，$B_0 = 1$ であり，$B_1 = 1+r$ である．確率測度 Q をリスク中立測度，式 (6.11) の関係をマルチンゲールと呼ぶ．

[†4] 確率測度が同値であるとは，零集合 (null set) が等しいということである．直感的には確率測度 P の下で確率ゼロとなる事象と確率測度 Q の下で確率ゼロとなる事象が等しいということである．2 項モデルにおいて，確率測度 P の下で確率ゼロとなるのは「事象 ω_u, ω_d のどちらも生じない」事象である．今，考えられる事象が $\{\omega_u\}, \{\omega_d\}, \emptyset, \Omega$ だけであり，それぞれが排反であることから，Q の下でも確率がゼロとなるのは $Q(\emptyset)$ だけである．したがって，P, Q が同値であることがわかる．

> **リスク資産 S と Q の関係:リスク中立測度**
>
> 上で求めたある意味,人工的な確率測度 Q の経済学的意味を明らかにする.式 (6.2) を Q を用いて書き換えると
>
> $$\frac{S_1(\omega_u)}{1+r}Q(\omega_u) + \frac{S_1(\omega_d)}{1+r}Q(\omega_d) = S_0 \tag{6.12}$$
>
> となる(ただし,時点を明示するために S_0, S_1 と表記した).これはさらに以下のように書き換えられる.
>
> $$\frac{S_0}{B_0} = \mathbb{E}^Q\left[\frac{S_1}{B_1}\right] \tag{6.13}$$
>
> つまり,将来時点 1 でのリスク資産の割引価格 S_1/B_1(リスク資産と安全資産の価値の比)の確率測度 Q の下での期待値が,現在時点 0 におけるリスク資産の割引価格 S_0/B_0 に等しいことを意味する.このような確率変数 S/B をマルチンゲールと呼び,ある確率変数に対して式 (6.13) のような関係を成立させる確率測度をマルチンゲール測度という.Q は P と同値だったので,Q を同値マルチンゲール測度と呼ぶ.
>
> Q はリスク資産と安全資産の期待リターンを等しくする,あるいは等しく見えるようにする確率測度であるため,リスク中立測度とも呼ばれる.実際に,リスク資産と安全資産の期待リターンが等しければ,多くの人は低リスクの安全資産に投資するだろう.そういった意味で,リスク中立測度 Q は実際の確率測度 P とは異なる人工的な確率測度と言える.一般に任意のデリバティブ価格は,満期での割引ペイオフをリスク中立測度の下で期待値評価したものとして与えられる.この議論は 1 期間 2 項モデルに限らず一般的に成り立つ.したがって,デリバティブのプライシングには Q の下で原資産価格の挙動をモデル化することが重要となる.
>
> また,上の議論を押さえておけば Arrow-Debreu 証券に頼らずに,リスク中立測度を求めることができる.言い換えれば,デリバティブのプライシングを行うことができる.すなわち,最初に原資産の割引価格過程をマルチンゲールとするような確率測度を求める.次に,満期でのデリバティブ価値(ペイオフ)を求めた確率測度の下で期待値評価することによって,現時点でのデリバティブ価格を得ることができるのである.
>
> たとえば,リスク中立測度の下での価格上昇確率を q と書くと,
>
> $$\frac{(1+u)S}{1+r}q + \frac{(1+d)S}{1+r}(1-q) = S$$
>
> となるので,$q = \frac{r-d}{u-d}$ が容易に求まる.次に,適当な満期でのデリバティブ価値をこの確率測度 $q, 1-q$ で期待値評価するだけでデリバティブ価格が求まるのである.これは,無裁定や複製の条件を丁寧に考えていくよりもはるかに容易なプライシング方法と言える.

次に，リスク中立測度を明示的に用いて，デリバティブ価格を求めてみよう．ここでは，$r = 0.02, u = 0.1, d = -0.09$ とした上で，リスク中立測度 q を求め，さらに，満期におけるペイオフが $(C_u, C_d) = (50, 0)$ となるデリバティブの時点 0 における価格を R を用いて求める．

```
mart_deriv <- function (r,u,d,Cu,Cd)
{
 q <- (r-d) / (u-d) #リスク中立測度を計算する
 C0 <- (q*Cu + (1-q) *Cd) / (1+r) #リスク中立測度による期待値を計算する
 return(c("リスク中立測度 q_u"=q, "デリバティブ価格"=C0))
}
```

これを実行する．

```
> mart_deriv (0.02,0.1,-0.09,50,0)
リスク中立測度 q_u   デリバティブ価格
         0.5789474         28.3797730
```

6.2 多期間モデル

これまでは現時点 0 と将来時点 1 の 2 時点しか考察対象としなかったが，これを多期間へとより一般化する．また，ファイナンス理論において代表的なデリバティブであるコールオプションのプライシングについて解説する．

6.2.1 多期間への一般化

満期を $T = N\Delta t$ とするデリバティブを考える．これは，現時点 0 から満期時点 T までを Δt の間隔で N 個に分割することを意味する．リスク資産 $\{S_{i\Delta t}\}_{i \in N}$ は時点 $i\Delta t$ から $(i+1)\Delta t$ への推移において，確率 p_u で $S_{i\Delta t}$ から $(1+u)S_{i\Delta t}$ へ推移し，確率 p_d で $S_{i\Delta t}$ から $(1+d)S_{i\Delta t}$ へ推移することを仮定する．よって，満期時点 T でのリスク資産価格がどの値をとるかは，2 項分布に従うことがわかる．すなわち，時点 0 において価格 S_0 のリスク資産が満期 T までに j 回だけ上方に推移するとき，満期での S_T は $S_T = (1+u)^j(1+d)^{N-j}S_0$ となり，その確率は以下で与えられる[†5]．

$$P[S_T = (1+u)^j(1+d)^{N-j}S_0] = \binom{N}{j} p_u^j p_d^{N-j} \qquad (6.14)$$

安全資産は，時点 $i\Delta t$ から $(i+1)\Delta t$ において，確率 1 で $B_{i\Delta t}$ から $(1+r\Delta t)B_{i\Delta t}$ へ推移することを仮定する．そして，満期までの N 回の推移で安全資産価格は B_0 から

[†5] 本章では以降，組合せ $_N C_j$ を $\binom{N}{j}$ と表記し，オプション価格 C_0 との混同を避ける．

$B_T = (1 + r\Delta t)^N B_0$ となる.

ある時点 $i\Delta t$ から $(i + 1)\Delta t$ への推移は 1 期間モデルにおける時点 0 から時点 1 への推移を一般化しただけで,本質的な議論に差異はない.したがって,ある任意の 1 期間におけるリスク中立測度も以下のように与えられる.

$$\begin{cases} q_u = \frac{r\Delta t - d}{u - d} \\ q_d = \frac{u - r\Delta t}{u - d} \end{cases} \quad (6.15)$$

そして,時点 T までの推移についてのリスク中立測度は式 (6.14) の p_u, p_d を q_u, q_d に置き換えたものに過ぎないので,

$$Q\left[S_T = (1+u)^j (1+d)^{N-j} S_0\right] = \binom{N}{j} q_u^j q_d^{N-j}$$

となる.

ここで,デリバティブ C_0 を考える.このデリバティブの時点 T におけるペイオフは時点 T までに生じた事象 ω_u(もしくは ω_d)の数で決まるものとする.すなわち,もし ω_u が j 回発生したら,そのときの C_0 のペイオフを $C(j)$ と書く.当然,このときのリスク資産価値は $S_T = (1+u)^j (1+d)^{N-j} S_0$ である.複雑なことは考えずとも,満期でのペイオフとリスク中立測度がわかっていれば,デリバティブの価格は期待値評価によって,

$$C_0 = B_0 \mathbb{E}^Q \left[\frac{C_T}{B_T}\right] \quad (6.16)$$

$$= \sum_{j=0}^{N} \frac{C_T(j)}{(1 + r\Delta t)^N} \binom{N}{j} q_u^j q_d^{N-j} \quad (6.17)$$

と求めることができる.C の添え字の 0 や T はそれぞれ時点を表すものとする.

早速,上の考察を数値例を用いて検討しよう.まず,$r = 0.02, u = 0.1, d = -0.09$ の下でリスク中立測度 q を求め,さらに,満期におけるペイオフが $C_T(j) = 10 * j$ となるデリバティブの時点 0 における価格を R を用いて求めてみよう.ただし,$N = 5, \Delta t = 0.2$ とする.

```
deriv_price <- function (r,u,d,N,dt)
{
q <- (r*dt-d) / (u-d) #1期間の推移におけるリスク中立測度を計算する
C0 <- 0 #デリバティブ価格はゼロで初期化する
for (j in 0:N) #0からNまでのループにおいて
{
 C0 <- C0 + 10*j*choose (N,j) *q^j* (1-q) ^ (N-j) / (1+r*dt)^N
 # (6.17) を計算する
}
```

```
    return(c("リスク中立測度 q_u"=q,"デリバティブ価格"=C0))
}
```

以下の計算結果が出力される．

```
> deriv_price (0.02,0.1,-0.09,5,0.2)
リスク中立測度 q_u       デリバティブ価格
      0.4947368             24.2479871
```

上の結論はもちろん無裁定の議論から出発しても得られる．式 (6.5) で見たように，1 期間の価格推移でデリバティブが無裁定条件を満たすためには

$$C_0 = \frac{1}{1+r}\frac{r-d}{u-d}C_u + \frac{1}{1+r}\frac{u-r}{u-d}C_d$$

を満たさなければならない．多期間モデルの下では，ある時点 $i\Delta t$ におけるデリバティブ価格は $i+1$ 通りありうる．そこで，時点 $i\Delta t$ におけるデリバティブ価格を低い順に $j=0,\cdots,i$ と番号付けし，これを $C_{i,j}$ と書く．すると，上の無裁定条件は

$$\begin{aligned} C_{i,j} &= \frac{1}{1+r\Delta t}\frac{r\Delta t-d}{u-d}C_{i+1,j+1} + \frac{1}{1+r\Delta t}\frac{u-r\Delta t}{u-d}C_{i+1,j} \\ &= q_u\frac{C_{i+1,j+1}}{1+r\Delta t} + q_d\frac{C_{i+1,j}}{1+r\Delta t} \end{aligned}$$

と書ける．よって，$C_0 = C_{0,0}$ が

$$C_{0,0} = q_u\frac{C_{1,1}}{1+r\Delta t} + q_d\frac{C_{1,0}}{1+r\Delta t}$$

と書けることを勘案すると，帰納的に

$$C_{0,0} = \sum_{j=0}^{N}\frac{C_T(j)}{(1+r\Delta t)^N}\binom{N}{j}q_u^j q_d^{N-j}$$

となることがわかる．

6.2.2 コールオプションのプライシング

デリバティブの中で最も代表的なものの一つであるヨーロピアンコールオプションは，満期 T において所与の行使価格（ストライク）K の下で以下のペイオフをもつ[6]．

$$\max(S_T - K, 0) \tag{6.18}$$

---

[6] ヨーロピアンオプションは満期 T においてのみ権利行使できるデリバティブである．また満期のみでなく契約期間 $[0,T]$ の任意の時点において権利行使できるオプションもある．これをアメリカンオプションという．

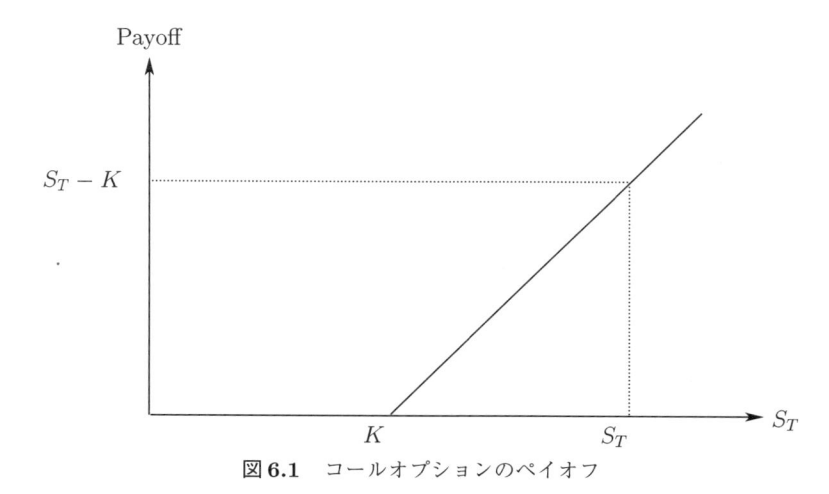

図6.1 コールオプションのペイオフ

また，このペイオフを図示すると図6.1のようになる．この図からわかるように，コールオプションのペイオフは満期時点 T における原資産価格 S_T が行使価格 K を超えない限りゼロであるが，K を超えると正のペイオフが発生する．

もし，コールオプション契約を「無料」で取り結ぶことができたら，それはリスクなしに非負の超過収益の獲得が可能になり裁定が生じる．そもそも，そのような一方的に有利なオプション契約を結んでくれる相手を見つけ出すことなど不可能だろう．そこで，このコールオプションを購入するには一定の料金を支払う必要が生じる．この料金の計算方法は前節までに学んできたデリバティブの計算方法を用いればよい．すなわち，このオプションは式 (6.17) を用いれば以下のようにプライシングできる．

$$C_0 = \sum_{j=0}^{N} \frac{\max((1+u)^j (1+d)^{N-j} S_0 - K, 0)}{(1+r\Delta t)^N} \binom{N}{j} q_u^j q_d^{N-j}$$

さて，R を用いてコールオプション価格の数値計算をしてみよう．ここでは，$r = 0.02, u = 0.1, d = -0.09, S_0 = 100$ の下で，リスク中立測度 q を求めた上で，行使価格 $K = 80$ のコールオプションの時点 0 における価格を求める．ただし，$T = 1, \Delta t = 0.02$ とする．

```
mart_call <- function (r,u,d,S0,K,T,dt)
{
  q <- (r*dt-d) / (u-d) #リスク中立測度を計算する
  N <- T/dt
  N <- trunc (N) #trunc () は引数の整数部分を返す関数
  C0 <- 0 #コールオプション価格はゼロで初期化する
  for (j in 0:N) #0からNまでのループにおいて
  {
    #満期でのありうるすべてのペイオフを計算し
    CT <- max ((1+u) ^j* (1+d) ^ (N-j) *S0-K,0)
    #リスク中立測度による期待値計算に組み込んでいく
```

6.2 多期間モデル   123

```
    C0 <- C0 + CT*choose (N,j) *q^j* (1-q) ^ (N-j) / (1+r*dt) ^N
  }
  return(c("リスク中立測度q_u"=q,"コールオプション価格"=C0))
}
```

前節までの例とは異なり，ここでは満期までの価格推移の回数 N をプログラム内で N<-T/dt として計算した．ただし，一般には必ずしも T/dt が整数とは限らない．そこで，次の行で trunc() を用い，もし T/dt が割りきれなかった場合も整数部分だけ取り出すようにしたが，整数でない場合にはエラーメッセージを返してもよい．

これを実行する．

```
> mart_call (0.02,0.1,-0.09,100,80,1,0.02)
リスク中立測度q_u    コールオプション価格
       0.4757895            35.7330892
```

次に，ペイオフがプラスの値をとる範囲でのみ反復計算をするように工夫した数値計算も行ってみよう．これには先ほど求めたコールオプション価格の計算式を以下のように展開して計算してみる．

$$
\begin{aligned}
C_0 &= \sum_{j=a}^{N} \frac{[(1+u)^j(1+d)^{N-j}S_0 - K]}{(1+r\Delta t)^N} \binom{N}{j} q_u^j q_d^{N-j} \\
&= \frac{S_0}{(1+r\Delta t)^N} \sum_{j=a}^{N} (1+u)^j(1+d)^{N-j} \binom{N}{j} q_u^j q_d^{N-j} - \frac{K}{(1+r\Delta t)^N} \sum_{j=a}^{N} \binom{N}{j} q_u^j q_d^{N-j}
\end{aligned}
$$

ただし，$a = \min\{0 \leq j \leq N | (1+u)^j(1+d)^{N-j}S_0 > K\}$ である．つまり，リスク資産の下方推移が行使価格 K を下回らない回数の最小値を a とする．

```
mart_call_2 <- function (r,u,d,S0,K,T,dt)
{
 N <- trunc (T/dt)
 tmp <- 0
 q <- (r*dt -d) / (u-d)
 #リスク資産の下方推移が行使価格を下回らない回数の最小値を求める
 a <- 0
 while ((1+u) ^a* (1+d) ^ (N-a) *S0 <= K)
 {
  a <- a+1
 }
 for (j in a:N) #aからNまでのループで
 {
 #コールオプションのペイオフを加算していく
  tmp <- tmp+S0*(1+u)^j*(1+d)^(N-j)*choose(N,j)*q^j*(1-q)^(N-j)
```

```
       tmp <- tmp-K*choose(N,j)*q^j*(1-q)^(N-j)
      }
     }
     tmp <- tmp/ (1+r*dt)^N #最後に安全資産のペイオフで割り引く
     return (c("マルチンゲール測度q_u"=q,"コールオプション価格"=tmp))
    }
```

これを実行しよう．

```
> mart_call_2 (0.02,0.1,-0.09,100,80,1,0.02)
マルチンゲール測度q_u   コールオプション価格
         0.4757895            35.7330892
```

6.3 3項モデルについて

2項モデルでは，時点間の推移においてリスク資産は上昇または下降の2通りのパターンのみを考えたが，これらに加えて「変化しない」という推移のパターンを加えた3項モデルについて簡単にまとめる．

2項モデルの場合と同様に，価格 S の上昇を $(1+u)S$，下降を $(1+d)S$ で表し，リスク中立測度の下での上昇確率を q_u，下降確率を q_d とし，価格変化がない確率を q_n とする．ここで (q_u, q_n, q_d) は確率の条件 $0 \leq q_u, q_n, q_d \leq 1$,

$$q_u + q_n + q_d = 1 \tag{6.19}$$

を満たし，リスクフリーレートを r として

$$S_i = \left(q_u(1+u)S_i + q_n S_i + q_d(1+d)S_i\right)/(1+r\Delta t) \tag{6.20}$$

を満たすものとする．すると，時点 $i\Delta t$ におけるリスク資産価格 $S_{i\Delta t}$（以下，簡単に S_i と書く）は次の時点 $(i+1)\Delta t$ において，以下のように推移する．

```
                              q_u      (1+u)S_i
                             ↗
                    S_i  ──  q_n  ──→  S_i
                             ↘
                              q_d      (1+d)S_i
```

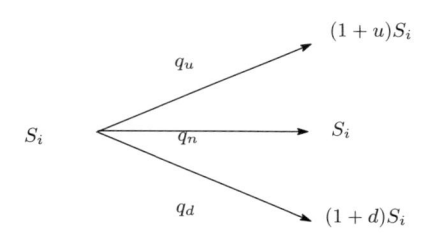

さらに，3項モデルで接点が合致することも条件として加えたい．すなわち，「上昇→下降」，「下降→上昇」というステップと「変化ナシ→変化ナシ」というステップによる結果が合致することを要求する．以下の図のイメージである．

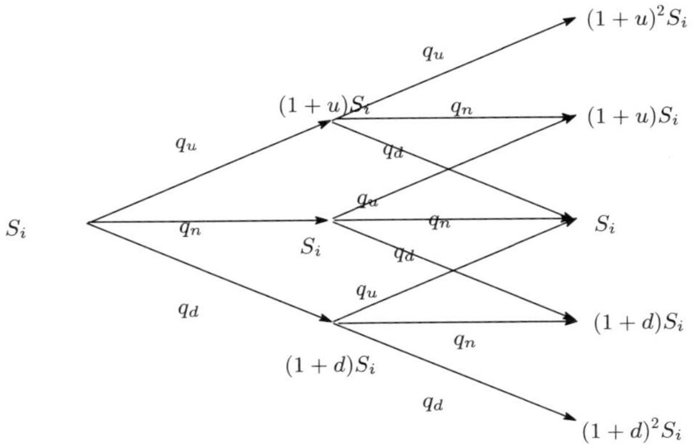
$(1+u)^2 S_i$
q_u
$(1+u)S_i$
q_n
$(1+u)S_i$
q_u
q_d
q_u
S_i
q_n
q_n
S_i
S_i
q_d
q_u
q_d
$(1+d)S_i$
q_n
$(1+d)S_i$
q_d
$(1+d)^2 S_i$

この再結合条件を満たすためには,

$$1 + u = \frac{1}{1+d} \tag{6.21}$$

が必要となる.

今, 決めるべき変数は q_u, q_n, q_d, u, d の 5 変数であるが, 所与の方程式は式 (6.19)–(6.21) の 3 つなので解けない[†7]. 通常, とられる方法としては外性的にボラティリティ σ を与え, リスク中立測度の下での収益率の標準偏差がボラティリティと合致する, といった条件を追加することである. Hull (2005) は, これに加えてさらに $1 + u = e^{\sigma\sqrt{3\Delta t}}$ という条件を与えることで導出される以下の解を紹介している[†8].

$$q_u = \sqrt{\frac{\Delta t}{12\sigma^2}}\left(r - \frac{\sigma^2}{2}\right) + \frac{1}{6} \tag{6.22}$$

$$q_n = \frac{2}{3} \tag{6.23}$$

$$q_d = -\sqrt{\frac{\Delta t}{12\sigma^2}}\left(r - \frac{\sigma^2}{2}\right) + \frac{1}{6} \tag{6.24}$$

ほかには Frittelli (2000) などで紹介されている最小エントロピーマルチンゲール測度を用いて 3 項ツリーを完成させる方法などもある[†9]. いずれの方法も, 2 項モデルに比べればはるかに複雑であるが, それだけ興味深い側面も多い. 関心のある読者はぜひこれらの文献にもあたられたい.

[†7] 2 項モデルを解説した個所では, u, d を外性的に与えたので, 容易に解を求めることができた.

[†8] Hull,J.(2005), “Options,Futures, and Other Derivatives (6th Edition) ”, Prentice Hall.

[†9] Frittelli,M.(2000), “The Minimal Entropy Martingale Measure and the Valuation Problem in Incomplete Markets”, Mathtematical Finance, 10, pp.39-52.

6.4 演習問題

1. 1期間2項モデルを考える．時点0における安全資産の価格を1，リスク資産の価格を100とし，その価格上昇率を $u = 0.1$，価格下落率を $d = -0.09$ とし，安全資産の収益率を $r = 0.02$ とする．このとき，行使価格を100とするコールオプションの価格を求めよ．ただし，リスク資産の価格が上昇する確率を0.6とする．

2. 多期間2項モデルの下でコールオプション価格を求めよ．ただし，$r = 0.02, u = 0.1, S_0 = 100$ とし，下方推移の幅 d は $1 + d = 1/(1+u)$ とし，リスク中立測度 q を求めた上で，コールオプションの時点0における価格を求めることとする．また，$T = 1, \Delta t = 0.02, K = 110$ とする．

3. 多期間3項モデルを考える．時点0における安全資産の価格を1，リスク資産の価格を100とする．時点間の推移においてリスク資産価格が上昇する確率を0.3，下落する確率を0.3，価格が変わらない確率を0.4とする．また，安全資産の1期間での収益率を $r = 0.02$，リスク資産のボラティリティを $\sigma = 0.1, T = 1, \Delta t = 0.02$ とした上で，式 (6.22)–(6.24) を用いてリスク中立測度を求めよ．

Black-Scholes 公式

本章では 2 項モデルの拡張を行い,ファイナンス理論で最も有名な公式の一つである Black-Scholes 公式を紹介する.2 項モデルでは,リスク中立測度 Q の下で期待値計算することにより,デリバティブプライシングが行えることを示した.本章では分割期間 N を無限に増やすことにより,連続モデルへと拡張する.

7.1 収益率の連続化

最初に,2 項モデルで定義した安全資産とリスク資産の価格推移の収益率を考え,それらの連続化を行おう.2 項モデルの下で安全資産は時点 $i\Delta t$ から $(i+1)\Delta t$ への推移で $B_{i\Delta t}$ から $(1+r\Delta t)B_{i\Delta t}$ となった.すなわち,$B_{(i+1)\Delta t} = (1+r\Delta t)B_{i\Delta t}$ である.ここで $t = i\Delta t$ と置くと,$B_{t+\Delta t} = (1+r\Delta t)B_t$ と書き換えられる.したがって,収益率は

$$\frac{B_{t+\Delta t} - B_t}{B_t} = \frac{(1+r\Delta t)B_t - B_t}{B_t} = r\Delta t$$

となる.$\Delta t \to 0$ の下で,上式は

$$\frac{dB_t}{B_t} = rdt \tag{7.1}$$

と書ける.また,これを初期条件 $B_0 = 1$ として解けば,

$$B_t = e^{rt}$$

が得られる.

さて,2 項モデルにおけるリスク資産の価格推移は

$$S_{(i+1)\Delta t} = \begin{cases} (1+u)S_{i\Delta t} & \text{if } \omega_u \text{ is happend} \\ (1+d)S_{i\Delta t} & \text{if } \omega_d \text{ is happend} \end{cases}$$

だった．これより，リスク資産の収益率は

$$\frac{S_{t+\Delta t} - S_t}{S_t} = \frac{\Delta S_t}{S_t} = \begin{cases} u & \text{if } \omega_u \text{ is happend} \\ d & \text{if } \omega_d \text{ is happend} \end{cases}$$

となる．リスク中立測度の下でこの期待値は，

$$\mathbb{E}^Q \left[\frac{\Delta S_t}{S_t} \right] = q_u u + q_d d$$

分散は，

$$\text{Var}^Q \left[\frac{\Delta S_t}{S_t} \right] = q_u u^2 + q_d d^2 - (q_u u + q_d d)^2$$
$$= q_u q_d (u-d)^2$$

と計算される．リスク中立測度の下では，リスク資産の期待収益率は安全資産と等しくなる．したがって，

$$q_u u + q_d d = r\Delta t$$

となる．また，インターバル Δt におけるリスク資産の収益率の分散を $\sigma^2 \Delta t$ と仮定すると

$$q_u q_d (u-d)^2 = \sigma^2 \Delta t$$

である．これを解くと，$u > r\Delta t > d$ などより，

$$u = r\Delta t + \sigma \sqrt{\frac{q_d \Delta t}{q_u}}$$
$$d = r\Delta t - \sigma \sqrt{\frac{q_u \Delta t}{q_d}}$$

となる．こうして，所与の r, σ の下での上昇下降幅が得られた．すなわち，2項モデルにおいて r と σ を与えれば，u, d を定めることができる．

上の結果を元にして，原資産 S の確率変動も連続化する．

$$\frac{\Delta S_t}{S_t} = \begin{cases} \left(r\Delta t + \sigma \sqrt{\frac{q_d \Delta t}{q_u}} \right) & \text{if } \omega_u \text{ is happened} \\ \left(r\Delta t - \sigma \sqrt{\frac{q_u \Delta t}{q_d}} \right) & \text{if } \omega_d \text{ is happened} \end{cases}$$

以下のインディケーター関数

$$\mathbf{1}_u := \begin{cases} 1 & \text{if } \omega_u \text{ is happened} \\ 0 & \text{otherwise} \end{cases}$$

$$\mathbf{1}_d := \begin{cases} 1 & \text{if } \omega_d \text{ is happened} \\ 0 & \text{otherwise} \end{cases}$$

を用いると，上の関係は

$$\frac{\Delta S_t}{S_t} = r\Delta t + \left(\sqrt{\frac{q_d}{q_u}}\mathbf{1}_u - \sqrt{\frac{q_u}{q_d}}\mathbf{1}_d\right)\sigma\sqrt{\Delta t}$$

$$= r\Delta t + \left(\frac{q_d\mathbf{1}_u - q_u\mathbf{1}_d}{\sqrt{q_u q_d}}\right)\sigma\sqrt{\Delta t}$$

と書ける．

リスク中立測度の下で，確率変数 $\left(\frac{q_d\mathbf{1}_u - q_u\mathbf{1}_d}{\sqrt{q_u q_d}}\right)$ の平均と分散を計算する．$\mathbb{E}^Q[\mathbf{1}_u] = q_u 1 + (1-q_u) \times 0 = q_u$, $\mathbb{E}^Q[\mathbf{1}_u^2] = q_u 1^2 + (1-q_u) \times 0^2 = q_u$ などに注意すると，

$$\mathbb{E}^Q\left[\frac{q_d\mathbf{1}_u - q_u\mathbf{1}_d}{\sqrt{q_u q_d}}\right] = \left(\frac{q_d \mathbb{E}^Q[\mathbf{1}_u] - q_u \mathbb{E}^Q[\mathbf{1}_d]}{\sqrt{q_u q_d}}\right) = \left(\frac{q_d q_u - q_u q_d}{\sqrt{q_u q_d}}\right) = 0$$

また，

$$\operatorname{Var}^Q\left[\left(\frac{q_d\mathbf{1}_u - q_u\mathbf{1}_d}{\sqrt{q_u q_d}}\right)\right] = \mathbb{E}^Q\left[\left(\frac{q_d\mathbf{1}_u - q_u\mathbf{1}_d}{\sqrt{q_u q_d}}\right)^2\right]$$

$$= \mathbb{E}^Q\left[\frac{q_d^2\mathbf{1}_u^2 - 2q_d q_u \mathbf{1}_u\mathbf{1}_d + q_u^2\mathbf{1}_d^2}{q_u q_d}\right]$$

$$= \mathbb{E}^Q\left[\frac{q_d^2\mathbf{1}_u^2 + q_u^2\mathbf{1}_d^2}{q_u q_d}\right]$$

$$= \frac{q_d^2 q_u + q_u^2 q_d}{q_u q_d} = 1$$

となる[†1]．よって，適当な $t_i = i\Delta t$, $i = 1\cdots, N$ ($t_N = N\Delta t = T$ に注意せよ) に対して $\Delta w_{t_i} = \frac{q_d\mathbf{1}_u - q_u\mathbf{1}_d}{\sqrt{q_u q_d}}\sqrt{\Delta t}$ を定義すると，この Δw_{t_i} に対して，

$$\frac{\Delta S_{t_i}}{S_{t_i}} = r\Delta t + \sigma\Delta w_{t_i}$$

[†1] まったく同様にして3次モーメントと4次モーメントも計算できる．すなわち，

$$\mathbb{E}^Q\left[\left(\frac{q_d\mathbf{1}_u - q_u\mathbf{1}_d}{\sqrt{q_u q_d}}\right)^3\right] = \mathbb{E}^Q\left[\frac{q_d^3\mathbf{1}_u^3 - q_u^3\mathbf{1}_d^3}{q_u q_d\sqrt{q_u q_d}}\right]$$

$$= \frac{q_d^3 q_u - q_u^3 q_d}{q_u q_d\sqrt{q_u q_d}} = \frac{q_d^2 - q_u^2}{\sqrt{q_u q_d}}$$

であり，

$$\mathbb{E}^Q\left[\left(\frac{q_d\mathbf{1}_u - q_u\mathbf{1}_d}{\sqrt{q_u q_d}}\right)^4\right] = \mathbb{E}^Q\left[\frac{q_d^4\mathbf{1}_u^4 + q_u^4\mathbf{1}_d^4}{(q_u q_d)^2}\right]$$

$$= \frac{q_d^4 q_u + q_u^4 q_d}{(q_u q_d)^2} = \frac{q_d^3 + q_u^3}{q_u q_d}$$

である．

と書ける．定義より Δw_{t_i} は以下の性質を満たす．

$$\mathbb{E}^Q[\Delta w_{t_i}] = 0$$

$$\mathrm{Var}^Q(\Delta w_{t_i}) = \Delta t$$

また $w_{t_{n_1}} := \sum_{i=1}^{n_1} \Delta w_{t_i}$, $w_{t_{n_2}} := \sum_{i=1}^{n_2} \Delta w_{t_i}$ に対して（$n_1 < n_2$ とする），

$$\mathrm{Cov}^Q(w_{t_{n_1}}, w_{t_{n_2}}) = \sum_{i=1}^{n_1} \mathbb{E}^Q[(\Delta w_{t_i})^2] = n_1 \Delta t$$

が言える．ここで，$i \neq j$ に対して Δw_i と Δw_j が独立であることを用いた．

$N \to \infty$，すなわち $\Delta t \to 0$ とすれば，確率変数 $dW_t := \lim_{\Delta t \to 0} \Delta w_{t_i}$ はブラウン運動，あるいはウィナー過程に近づくことが知られている．標準ブラウン運動 $\mathcal{B}(t)$ とは，以下の性質を満たす確率過程を言う．

任意の $s \leq t$ に対し

$$\mathcal{B}(t) - \mathcal{B}(s) \sim N(0, t-s)$$

$$\mathrm{Cov}(\mathcal{B}(t), \mathcal{B}(s)) = s$$

これも上の関係から類推できるであろう[†2]．

以上より，$N \to \infty$ に対して，リスク中立測度 Q の下でのブラウン運動（ウィナー過程）W_t を用いて，リスク資産の挙動は以下のように表現することができる．

$$\frac{dS_t}{S_t} = rdt + \sigma dW_t \tag{7.2}$$

また，ここでリスク資産の収益率の分散，あるいは変動（リスク）の大きさを表す σ はボラティリティと呼ばれ，デリバティブプライシングを行う上で重要なパラメータである[†3]．

7.2 伊藤の公式 (Ito's lemma)

連続化した安全資産とリスク資産の挙動は式 (7.1)，(7.2) によって表現された．ここで微小量として時間を表す dt と確率過程を表す dW_t が出てきたが，確率微分方程式を扱う上で両者のオーダー[†4]が重要になってくる．$\mathrm{Var}(dW_t) = dt$ の関係からも，

[†2] 実際には $q_u = q_d = 1/2$ という条件も必要である．これは3次モーメント，4次モーメントを計算すれば類推できる．

[†3] ここでリスク資産のリターンそのものについて気になった読者もいるだろう．実は，実際の確率測度 P の下でリスク資産の挙動は式 (7.2) の r をリスク資産のリターン μ で置き換えたものとして与えられる．しかし一般に μ の推定は難しいことが知られているので，これを考慮することなくデリバティブ価格の導出ができることは Black-Scholes 公式の利点の一つである．

[†4] 平たく言うと大きさである．

両者には明確な関連性があることがわかる．この関係は伊藤の公式としてまとめられており，デリバティブプライシングを行う上で，リスク中立測度と並んで一つの重要な鍵となっている．

> **伊藤の公式 (Ito's Lemma)**
>
> $F(t, X_t)$ を t に関して連続かつ微分可能，X_t に関して連続かつ2回微分可能な関数とする．ここで確率過程 X_t は
>
> $$dX_t = a_t dt + \sigma_t dW_t$$
>
> に従うものとする．このとき，
>
> $$\begin{aligned} dF_t &= \frac{\partial F}{\partial t}dt + \frac{\partial F}{\partial X_t}dX_t + \frac{1}{2}\frac{\partial^2 F}{\partial X_t^2}dX_t^2 \\ &= \frac{\partial F}{\partial t}dt + \frac{\partial F}{\partial X_t}dX_t + \frac{1}{2}\frac{\partial^2 F}{\partial X_t^2}\sigma_t^2 dt \\ &= \left[\frac{\partial F}{\partial t} + \frac{\partial F}{\partial X_t}a_t + \frac{1}{2}\frac{\partial^2 F}{\partial X_t^2}\sigma_t^2\right]dt + \frac{\partial F}{\partial X_t}\sigma_t dW_t \end{aligned}$$
>
> を得る．ここで等号は平均2乗の意味で成立する．

式変形をしていく際，通常は微小量の1次オーダーを見ていくのであるが，伊藤の公式が示すのは，dW_t の2次オーダーは dt の1次オーダーと等価であるため[†5]，右辺第1式と第2式の第3項の式変形が示すように無視できないということである．

以下にファイナンスでもっともよく出てくる例の一つを示す．それは，式 (7.2) から $d\ln S_t$ を計算するというものである．テイラー展開より，

$$\begin{aligned} d\ln S_t &= \frac{dS_t}{S_t} - \frac{1}{2}\frac{dS_t^2}{S_t^2} + \cdots \\ &= \left(r - \frac{\sigma^2}{2}\right)dt + \sigma dW_t \end{aligned}$$

と計算される．これより，S_t の初期値を S_0 とすると $t = T$ において，

$$S_T = S_0 \exp\left[\left(r - \frac{\sigma^2}{2}\right)T + \sigma W_T\right]$$

$$\mathbb{E}^Q\left[\ln\frac{S_T}{S_0}\right] = \left(r - \frac{\sigma^2}{2}\right)T, \quad \mathrm{Var}^Q\left[\ln\frac{S_T}{S_0}\right] = \sigma^2 T$$

となる．つまり，リスク中立測度の下で $\ln(S_T/S_0) \sim N((r - \frac{1}{2}\sigma^2)T, \sigma^2 T)$ に従うことがわかる．また，W_T は平均ゼロ，分散 T の正規分布に従うことから，

[†5] これは $\mathrm{Var}(dW_t) = \mathbb{E}(dW_t^2) = dt$ であることによる．

$$\mathbb{E}^Q[S_T] = S_0 \exp\left[\left(r - \frac{\sigma^2}{2}\right)T\right] \int_{-\infty}^{\infty} e^{\sigma x} \frac{1}{\sqrt{2\pi T}} e^{-x^2/2T} dx$$

$$= S_0 \exp\left[\left(r - \frac{\sigma^2}{2}\right)T\right] e^{\sigma^2 T/2} \int_{-\infty}^{\infty} \frac{1}{\sqrt{2\pi T}} e^{-(x-\sigma T)^2/2T} dx$$

$$= S_0 e^{rT}$$

となる[†6].

7.3 Black-Scholes オプション価格

$\ln(S_T/S_0) \sim N((r - \frac{1}{2}\sigma^2)T, \sigma^2 T)$ の密度関数を

$$f(x) = \frac{1}{\sqrt{2\pi\sigma^2 T}} \exp\left[-\frac{1}{2}\left(\frac{x - \left(r - \frac{\sigma^2}{2}\right)T}{\sigma\sqrt{T}}\right)^2\right]$$

と書くと，ヨーロピアンコールオプションの価格は

$$\begin{aligned}
C_0 &= \mathbb{E}^Q\left[B_T^{-1} \max(S_T - K, 0)\right] \\
&= e^{-rT} \mathbb{E}^Q\left[\max\left(S_0 e^{\ln S_T/S_0} - K, 0\right)\right] \\
&= e^{-rT} \int_{-\infty}^{\infty} \max(S_0 e^x - K, 0) f(x) dx \\
&= e^{-rT} \int_{\ln(K/S_0)}^{\infty} [S_0 e^x f(x) - K f(x)] dx \quad (7.3)
\end{aligned}$$

と書ける．ここで，

$$X = \frac{x - \left(r - \frac{\sigma^2}{2}\right)T}{\sigma\sqrt{T}}, \quad Y = X - \sigma\sqrt{T},$$

$$d_1 = \frac{\ln \frac{S_0}{K} + \left(r + \frac{\sigma^2}{2}\right)T}{\sigma\sqrt{T}}, \quad d_2 = d_1 - \sigma\sqrt{T}$$

などを定義すると，式 (7.3) は以下のように表現できる．

$$\begin{aligned}
C_0 &= \int_{-d_2}^{\infty} \left[\frac{S_0}{\sqrt{2\pi}} \exp\left(-\frac{1}{2}\left(X - \sigma\sqrt{T}\right)^2\right) - e^{-rT} \frac{K}{\sqrt{2\pi}} \exp\left(-\frac{X^2}{2}\right)\right] dX \\
&= \int_{-d_1}^{\infty} \frac{S_0}{\sqrt{2\pi}} e^{-Y^2/2} dY - e^{-rT} \int_{-d_2}^{\infty} \frac{K}{\sqrt{2\pi}} e^{-X^2/2} dX \\
&= S_0 \Phi(d_1) - e^{-rT} K \Phi(d_2) \quad (7.4)
\end{aligned}$$

[†6] $\mathbb{E}^Q[S_T] = S_0 e^{\left(r - \frac{\sigma^2}{2}\right)T}$ とはならないことに注意．

ここで $\Phi(x)$ は標準正規分布関数

$$\Phi(x) = \int_{-\infty}^{x} \frac{1}{\sqrt{2\pi}} e^{-x^2/2} dx$$

である．式 (7.4) で表されるコールオプション価格の式を Black-Scholes 公式と呼ぶ．

上の Black-Scholes 公式によってコールオプション価格を求める関数を R で作ってみよう．

```
black_scholes_1 <- function (S,K,r,sigma,T)
{
  d1 <- (log (S/K) + (r+sigma^2/2) *T) / (sigma*sqrt (T))
  d2 <- d1 - sigma*sqrt (T)

  C0 <- S*pnorm (d1) - exp (-r*T) *K*pnorm (d2)
  return(c("コールオプション価格"=C0))
}
```

さらに，$S_0 = 100, K = 100, r = 0.01, \sigma = 0.2, T = 1$ の下でコールオプションの価格を求めてみる．

```
> black_scholes_1 (100,100,0.01,0.2,1)
コールオプション価格
           8.433319
```

次に，ヨーロピアンプットオプションの価格を求める．プットオプションは，端的に言えばコールオプションと逆のペイオフをもつデリバティブであり，ペイオフは次式で表される．

$$\max(K - S_T, 0)$$

図 7.1 にプットオプションのペイオフを図示してみる．コールオプションとは逆に，原資産価格 S_T が安ければ安いほど，オプション契約から得られる収益は高くなるのがわかるだろう．そして，原資産価格が行使価格 K を超えるとオプションから得られるペイオフはゼロになる．これは，プットオプションを購入する契約を結んだ場合，最初に支払ったプットオプション価格以上の損失はプロテクトされることを意味する．このオプションの解析解 P_0 もヨーロピアンコールオプションと同様に計算することができ，次のように求められる．

$$P_0 = e^{-rT} K\Phi(-d_2) - S_0 \Phi(-d_1)$$

また，プットオプションとコールオプションには以下の関係がある．

$$\max(S_T - K, 0) - \max(K - S_T, 0) = S_T - K$$
$$\leftrightarrow e^{-rT} [\max(S_T - K, 0) - \max(K - S_T, 0)] = e^{-rT}(S_T - K)$$

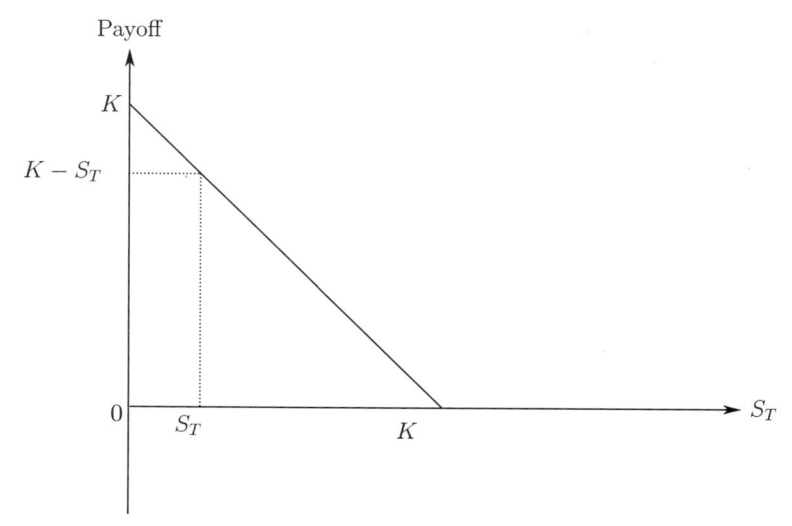

図 7.1 プットオプションのペイオフ

$$\leftrightarrow C_0 - P_0 = S_0 - e^{-rT}K$$

よって，

$$P_0 = C_0 - S_0 + e^{-rT}K$$

が言える．この関係をプットコールパリティ (Put-Call Parity) と呼ぶ．このプットコールパリティの関係を利用して，コールオプションとプットオプションの価格を同時に計算する関数をつくってみる．さらに，$S_0 = 100, K = 100, r = 0.01, \sigma = 0.2, T = 1$ の下でコールオプションとプットオプションの価格を求めてみよう．

```
black_scholes_2 <- function (S,K,r,sigma,T)
{
  d1 <- (log (S/K) + (r+sigma^2/2) *T) / (sigma*sqrt (T))
  d2 <- d1 - sigma*sqrt (T)

  C0 <- S*pnorm (d1) - exp (-r*T) *K*pnorm (d2)
  P0 <- C0 - S + exp (-r*T) *K

  return(c("コールオプション価格"=C0, "プットオプション価格"=P0))
}
```

実行結果は以下のとおりである．

```
> black_scholes_2 (100,100,0.01,0.2,1)
コールオプション価格  プットオプション価格
           8.433319              7.438302
```

7.4 インプライドボラティリティ

　ボラティリティなどのパラメータが与えられれば，Black-Scholes 公式からオプション価格が得られることがわかった．しかし実際には市場でオプション価格が与えられ，その価格から Black-Scholes 公式を用いて，市場が予測する将来のボラティリティを逆算することが多い．このようにして得られたボラティリティのことをインプライドボラティリティと呼ぶ．また，あるプライシングモデルを作成した場合，市場価格に合うようにモデルパラメータを推計する必要がある．このように市場価格からモデルパラメータを推計する作業をカリブレーションと呼び，その際に最適化と呼ばれる手法が用いられる．最適化はファイナンス理論においてさまざまな場面で登場する．R には最適化を行う optimize () という関数が用意されているので，インプライドボラティリティの計算例を通じてその使用法を示す（その他の最適化関数については，付録 A 参照）．

　原資産価格 $S_0 = 100$，行使価格 $K = 100$，リスクフリーレート $r = 0.01$，残存期間 $T = 1$ のコールオプション価格が 8.43 で与えられていたとする．このときのインプライドボラティリティを求めてみよう．Black-Scholes 公式によるオプション価格 C_0 を

$$C_0 = C_0(S_0, K, r, \sigma, T)$$

と書くと，この例の場合，$8.43 = C_0(100, 100, 0.01, \sigma, 1)$ を満たす σ を求めることになる．すなわち，関数 $f(\sigma) = |8.43 - C_0(100, 100, 0.01, \sigma, 1)|$ を定義し，$f(\sigma) = 0$ を満たす σ を求めるのである．これを R で行ってみよう．

```
#Black-Scholes 公式を計算する関数
black_scholes <- function (S,K,r,sigma,T)
{
  d1 <- (log (S/K) + (r+sigma^2/2) *T) / (sigma*sqrt (T))
  d2 <- d1 - sigma*sqrt (T)

  C0 <- S*pnorm (d1) - exp (-r*T) *K*pnorm (d2)
  return (C0)
}

#与えられた価格と Black-Scholes 公式価格との誤差を計算する関数
err <- function (S,K,r,sigma,T,MktPrice)
{
  tmp <- abs (MktPrice-black_scholes (S,K,r,sigma,T))
  return (tmp)
}
```

```
#optimizeを用いて目的関数err()の最小化を実施（今の場合ゼロに近づける）

optimize (err,interval=c (0,5),maximum=FALSE,MktPrice=8.43,
S=100,K=100,r=0.01,T=1)
```

ここで，intervalはsigmaを動かす範囲である．また，maximum=FALSEとすることで最小化を行う．もちろん，maximum=TRUEとしたときにはerr()を最大化するインプライドボラティリティを計算する．さらに，"MktPrice"，"S"，"K"，"r"，"T"を明示的に与えることで，残った変数"sigma"に関する最適化であることを暗に示している．以下のような計算結果が出力されるだろう．

```
$minimum
[1] 0.1999261


$objective
[1] 0.0004032324
```

minimumは最適化された変数，つまりインプライドボラティリティが0.1999261（約20%）であることを示している．また，objectiveは目的関数err()の値を示しており，ここでは0.0004032324，つまりほぼゼロとなっていることが確認できる．要するに，$f(0.1999261) = 0.0004032324$となっていることが示されたのである．

ところで，今の例は一つの行使価格Kに対するインプライドボラティリティを推定したが，実際の市場にはさまざまな行使価格，さまざまな残存期間のオプションが存在する．市場ではある残存期間に対して以下のような形で行使価格毎に異なるインプライドボラティリティ (IV) が計算されている[7]．

行使価格	70	80	90	100	110	120	130
IV (%)	27.18	24.38	22.8	20	20.28	23.0	24.2

一般にインプライドボラティリティはBlack-Scholes公式が前提しているような一定値ではなく，行使価格毎に変化し，右下がりであったり，いったん下がった後上昇するといった傾向をしばしば示す．これはボラティリティスキューやボラティリティスマイルと呼ばれる現象であり，これを説明するためにBlack-Scholesモデルの拡張としてさまざまなモデルが提案されている．たとえばローカルボラティリティや確率ボラティリティモデルといったモデルが代表的である．

行使価格K，満期Tのコールオプションの市場価格を$\tilde{C}(K,T)$と書くことにしよう．たとえば，以下のような市場価格群が与えられているとする．

$$\tilde{C}(80,1) = 22.75, \quad \tilde{C}(90,1) = 15.1, \quad \tilde{C}(100,1) = 8.43,$$

---

[7] 行使価格はMoneynessと呼ばれる行使価格と原資産価格の比で表されたり，インプライドボラティリティもLognormal VolatilityやNormal Volatilityで表されたり，市場によって表示方法はさまざまである．

$$\tilde{C}(110,1) = 4.72, \quad \tilde{C}(120,1) = 3.28$$

上述したとおり，これらのオプションの市場価格に対してそれぞれ対応するインプライドボラティリティの値は必ずしも等しくはない．にもかかわらず，Black-Scholesモデルを保持するとしたらどのように考えればよいだろうか．最適化の一つの考え方は，厳密には市場価格と整合的ではないにしても，もっとも近いであろう1つのインプライドボラティリティを解答として与える．今の場合であれば，次のような問題を考えるのが一つである．上で与えたオプションのサンプルデータを $\{\tilde{C}(K_i,T)\} = \{\tilde{C}(80,1), \tilde{C}(90,1), \cdots, \tilde{C}(120,1)\}$ と書くと，この5つのサンプルデータに対して

$$\sum_{i=1}^{5} \left(\tilde{C}(K_i,T) - C_0(S_t, K_i, r, \sigma, T)\right)^2 \tag{7.5}$$

を最小化するのである．そこで，以下のようなコードを作成して実行してみる．

```
err1 <- function (S,K,r,sigma,T,MktPrice)
{
  #MktPriceとKはベクトル
  tmp <- (MktPrice-black_scholes (S,K,r,sigma,T))^2
  return (sum (tmp))
}

#KとMktPriceにはベクトルを与える
K_sample <- c (80,90,100,110,120)
Mkt_sample <- c (22.75,15.1,8.43,4.72,3.28)
optimize (err1,interval=c (0,5),maximum=FALSE,MktPrice=Mkt_sample,S=100,
K=K_sample,T=1,r=0.01)
```

実行した結果は以下のとおりである．

```
$minimum
[1] 0.2149231

$objective
[1] 1.343977
```

最適なボラティリティはおよそ21.5%であることが計算されるが，このとき2乗和は約1.34となっている．つまり，このインプライドボラティリティではすべてのオプション価格に対してBlack-Scholesモデルを当てはめるには少々誤差が大きい．しかしながら，無理な中では「最適な」ボラティリティである．これはある意味で最適化問題の本質を示している．

7.5 演習問題

1. Black-Scholes のオプション価格公式より，$S_0 = 100, K = 110, r = 0.01, \sigma = 0.2, T = 5$ の下でコールオプションの価格を求めよ．
   (a) $S_0 = 105$ の場合はいくらか．
   (b) $K = 115$ の場合はいくらか．
   (c) $r = 0.02$ の場合はいくらか．
   (d) $\sigma = 0.25$ の場合はいくらか．
   (e) $T = 6$ の場合はいくらか．

2. 原資産価格 (S_0)，行使価格 (K)，リスクフリーレート (r)，ボラティリティ (σ)，オプション満期 (T) の変化に対してコールオプション，プットオプション価格はどのように変化するか確かめよ．

3. 現在の価格は $S_0 = 100$ であるが，今後は価格変動が激しくなる，つまりボラティリティの上昇を予想して $T = 1, K = 100$ のコールオプションとプットオプションを買うことにした．このポジションはロングストラドル（ストラドルの買い）と呼ばれるが，$r = 0.01, \sigma = 0.2$ であるとき，この価格を求めよ．

8

CHAPTER EIGHT

モンテカルロシミュレーション

この章ではモンテカルロシミュレーションを用いたデリバティブのプライシング方法について議論する．モンテカルロシミュレーションの考え方は，デリバティブのプライシングが期待値演算に帰着することと，大数の法則を前提としている．すでに解説したとおり，デリバティブの価格は与えられたペイオフに対してリスク中立測度の下で期待値計算をすれば求められる．したがって，知らなければならないことはリスク中立測度の下で原資産がどのような確率的挙動を示すかである．いったんその確率的挙動がわかると，大数の法則から容易に近似計算を行いデリバティブのプライシングが可能となる．モンテカルロシミュレーションの目的は数多くの乱数によって確率変数を表現し，大数の法則から評価すべきデリバティブの価格を近似計算することである．

8.1 モンテカルロシミュレーションの基本

ある確率変数 Y の期待値 $\mathbb{E}[Y]$ を考える．大数の法則によれば，ある確率変数列 Y_j が独立に Y と同じ分布に従う場合，

$$\frac{1}{n}\sum_{j=1}^{n}Y_j$$

は確率 1 で $\mathbb{E}[Y]$ に近づく．ところで，デリバティブ価格は，原資産を S, ペイオフ関数を f とすると

$$e^{-rT}\mathbb{E}^Q[f(S_T)]$$

という期待値計算によって与えられるのであった．そこで，S_T がリスク中立測度 Q の下である確率分布に従う場合，モンテカルロシミュレーションはこの分布に従う確

率変数列 $\{S_T^i, i=1,\cdots,n\}$ を生成し（シミュレーションといわれる所以である）

$$\mathbb{E}^Q[f(S_T)] \approx \frac{1}{n}\sum_{j=1}^n f(S_T^i)$$

を計算する．そして，これを用いてデリバティブ価格の近似値とするのである．

リスク資産 S_T はリスク中立測度 Q の下で

$$S_T = S_0 e^{\left(r-\frac{1}{2}\sigma^2\right)T+\sigma W_T}$$

と書けるものとする．ここで確率変数 W_T は測度 Q の下でのブラウン運動である．プログラミング上は分散が1である方が記述しやすいので，$\epsilon = W_T/\sqrt{T} \sim N(0,1)$ を定義して，

$$S_T = S_0 e^{\left(r-\frac{1}{2}\sigma^2\right)T+\sigma\sqrt{T}\epsilon}$$

と書く．よって，デリバティブ価格は

$$e^{-rT}\mathbb{E}\left[f\left(S_0 e^{\left(r-\frac{1}{2}\sigma^2\right)T+\sigma\sqrt{T}\epsilon}\right)\right] \tag{8.1}$$

と書ける．ここで煩雑さをさけるため，測度 Q の下での期待値演算子を単に $\mathbb{E}$ と書く．

大数の法則によれば，標準正規分布 $N(0,1)$ に従う乱数を $\epsilon_1,\epsilon_2,\cdots,\epsilon_n$ と発生させ，

$$\frac{1}{n}\sum_{j=1}^n f\left(S_0 e^{\left(r-\frac{1}{2}\sigma^2\right)T+\sigma\sqrt{T}\epsilon_j}\right)$$

を計算すれば，$n \to \infty$ で $\mathbb{E}\left[f\left(S_0 e^{\left(r-\frac{1}{2}\sigma^2\right)T+\sigma\sqrt{T}\epsilon}\right)\right]$ に近づく．実際に無限個の乱数は取り扱えないので，十分大きな n 個の乱数を発生させて近似的に期待値計算を行うのがモンテカルロ法によるデリバティブプライシングの基本となる．

早速，Rを用いてモンテカルロ法によるプライシングを行ってみよう．コールオプションのペイオフ $f(x) = \max(x-K,0)$ を用いて，上の計算を行う関数を生成する．また，乱数発生には rnorm() を使用する．

```
call.monte1<- function (S,K,r,sigma,T,n)
{
 C0 <- 0
 for (i in 1:n) #n回の反復計算でモンテカルロシミュレーションを行う
 {
  C0 <- C0 + max (S*exp ((r-0.5*sigma^2) *T+sigma*sqrt (T) *rnorm (1,0,1))-K,0)
 }
 C0 <- exp (-r*T) *C0/n
return(c("モンテカルロ法による価格"=C0))
}
```

例として，$S_0 = 100, K = 100, r = 0.01, \sigma = 0.2, T = 1$ の場合のコールオプション価格を求めてみる．反復回数がどの程度を適当とするかは議論の余地があるが，ここでは10000回としよう．上のプログラムを実行すると以下のような結果を得る．

```
> call.monte1 (100,100,0.01,0.2,1,10000)
モンテカルロ法による価格
           8.353214
> call.monte1 (100,100,0.01,0.2,1,10000)
モンテカルロ法による価格
           8.23827
> call.monte1 (100,100,0.01,0.2,1,10000)
モンテカルロ法による価格
           8.692412
> call.monte1 (100,100,0.01,0.2,1,10000)
モンテカルロ法による価格
           8.401362
```

まったく同じ計算を4回行っているが，解は微妙に異なることに注意されたい．乱数を発生させて計算しているため，実行するたびに数値は異なり，解析解 8.433319 を中心に値がばらつくのだ．また，計算時間とのトレードオフとなるが，n を大きくすればするほど正解に近くなることなども確かめられる．

上の例ではペイオフの反復計算ごとに乱数の発生を行ったが，反復計算に入る前に乱数列をまとめて生成しておく方法もある．この方法では for 文を使わずに計算することが可能となる．

```
call.monte1.1 <- function (S,K,r,sigma,T,n)
{
 x <- rnorm (n,0,1) #平均0，標準偏差1の正規乱数をn個発生させる
 y <- S*exp ((r-0.5*sigma^2) *T+sigma*sqrt (T) *x) -K
 #yの正の部分のみy[0<y]の和をとってコールオプション価格を計算
 C0 <- exp(-r*T)*sum(y[0<y])/n
 return(c("モンテカルロ法による価格"=C0))
}
```

これを実行してみる．

```
> call.monte1.1 (100,100,0.01,0.2,1,10000)
モンテカルロ法による価格
           8.54221
```

さらに，計算に用いる乱数列の精度を高めることにより，近似解の精度を高めることもできる．本書では詳細な説明は避けるが，しばしばメルセンヌツイスターと呼ばれる乱数列を用いることが薦められる．参考までに，メルセンヌツイスターを用いた計

算例も載せておこう（関数名は同じものとする）．

```
call.monte1.1 <- function (S,K,r,sigma,T,n)
{
#乱数発生のエンジンとしてメルセンヌツイスターを指定
RNGkind ("Mersenne-Twister")
#受け渡された値を乱数列の初期値に設定
ini <- 1
set.seed (ini)

x <- rnorm (n,0,1)
y <- S*exp ((r-0.5*sigma^2) *T+sigma*sqrt (T) *x) -K
C0 <- exp(-r*T)*sum(y[0<y])/n
return(c("モンテカルロ法による価格"=C0))
}
```

改めて call.monte1.1 () を実行してみよう．

```
> call.monte1.1 (100,100,0.01,0.2,1,10000)
モンテカルロ法による価格
          8.468332
```

ここでは乱数のシードを固定しているので，何回実行しても結果は同じ値となる（ini の値を変えると結果は変わる）．

8.2 分散減少法

以上でモンテカルロ法の基本的な説明は終わりであるが，この節ではさらに計算精度を上げる方法について議論していく．

8.2.1 対称変量法

われわれが用いている乱数については，$\epsilon \sim N(0,1)$ の仮定より，理論上は

$$\mathbb{E}[\epsilon] = 0$$
$$\mathrm{Var}[\epsilon] = 1$$

である．ところが，確率変数列 $\{\epsilon_i\}$ のモーメントに関する近似値は必ずしもそうではない．すなわち，

$$\frac{1}{n}\sum_{i=1}^{n}\epsilon_i$$

$$\frac{1}{n}\sum_{i=1}^{n}\epsilon_i^2 - \left(\frac{1}{n}\sum_{i=1}^{n}\epsilon_i\right)^2$$

は $n \to \infty$ のときにはそれぞれ $0, 1$ に近づくが，そうでないかぎりこれは保証されない．そこで，これを確実にする方法を考える．これは有限の n でモーメントを合致させることを意味する．言い換えれば，モンテカルロ法における試行回数の収束を早めることを意味する．

具体的な方法としては

$$\frac{1}{n}\sum_{i=1}^{n}f(S_0 e^{(r-\frac{1}{2}\sigma^2)T+\sigma\sqrt{T}\epsilon_i})$$

を計算すると同時に，符号の異なる乱数列 $\{-\epsilon_i\}$ を発生させ，

$$\frac{1}{n}\sum_{i=1}^{n}f(S_0 e^{(r-\frac{1}{2}\sigma^2)T-\sigma\sqrt{T}\epsilon_i})$$

も計算する．すると，$\{\epsilon_i\}$ と $\{-\epsilon_i\}$ を合成した乱数列 $\tilde{\epsilon}_i$ は明らかに

$$\frac{1}{2n}\sum_{i=1}^{2n}\tilde{\epsilon}_i = 0$$

である．したがって，次式のように $\tilde{\epsilon}_i$ を用いて計算すれば1次モーメントが合致した乱数列によるオプション価格を求めることができる．

$$\frac{1}{2n}\sum_{i=1}^{2n}f(S_0 e^{(r-\frac{1}{2}\sigma^2)T+\sigma\sqrt{T}\tilde{\epsilon}_i})$$

これが対称変量法と呼ばれるものである．早速，これを用いて計算してみよう．ここでも，$S_0 = 100, K = 100, r = 0.01, \sigma = 0.2, T = 1$ の場合のコールオプションの価格を求めてみる．また，反復回数 n は 10000 とする．

```
call.monte2 <- function (S,K,r,sigma,T,n)
{
 C0 <- 0
 for (i in 1:n)
 {
  epsi <- rnorm (1,0,1)
  C0 <- C0 +
     (max (S*exp ((r-0.5*sigma^2) *T+sigma*sqrt (T) *epsi) -K,0) +
        max (S*exp ((r-0.5*sigma^2) *T-sigma*sqrt (T) *epsi) -K,0))
  #第1項と第2項の sigma*sqrt (T) *epsi の符号が異なることに注意
 }
 C0 <- exp (-r*T) *C0/ (2*n)
```

```
        return(c("モンテカルロ法による価格"=C0))
     }
```

これを実行する．

```
> call.monte2 (100,100,0.01,0.2,1,10000)
  モンテカルロ法による価格
              8.510534
```

8.2.2 モーメントマッチング法

　上述の方法を一歩進め，1次モーメントだけでなく2次モーメントまで一度に合わせることを考える．

$$\bar{\epsilon} = \frac{1}{n}\sum_{i=1}^{n}\epsilon_i$$

$$s^2 = \frac{1}{n-1}\sum_{i=1}^{n}(\epsilon_i - \bar{\epsilon})^2$$

とし，乱数列 $\{\epsilon_i\}$ に対して，

$$\hat{\epsilon}_i = \frac{\epsilon_i - \bar{\epsilon}}{s}$$

とすれば，

$$\frac{1}{n}\sum_{i=1}^{n}\hat{\epsilon}_i = 0$$

$$\frac{1}{n-1}\sum_{i=1}^{n}(\hat{\epsilon}_i - \bar{\hat{\epsilon}})^2 = 1$$

となる．すなわち，乱数列 $\{\hat{\epsilon}_i\}$ は2次モーメントまで ϵ と合致することとなる．それでは，$S_0 = 100, K = 100, r = 0.01, \sigma = 0.2, T = 1$ の場合のコールオプションの価格を求めてみる．ただし，反復回数 n は 10000 とする．

```
call.monte3 <- function (S,K,r,sigma,T,n)
{
 x <- rnorm (n,0,1) #n個の乱数を発生させる
 y <- (x - mean (x))/sd (x) #平均ゼロ分散1の乱数列に変換する
 #コールオプションのペイオフを計算し
 z <- S*exp ((r-0.5*sigma^2) *T+sigma*sqrt (T) *y) -K
 #モンテカルロシミュレーションによるオプション価格を求める
 C0 <- exp(-r*T)*sum(z[0<z])/n
 return(c("モンテカルロ法による価格"=C0))
}
```

これを実行する．

```
> call.monte3 (100,100,0.01,0.2,1,10000)
モンテカルロ法による価格
             8.439212
```

この方法を用いると解析解からの乖離はより小さくなることが確かめられる．

8.3　エキゾチックオプション

　さて，上の例では通常のコールオプション価格を求めるのにモンテカルロ法を用いたが，解析解が存在する場合にモンテカルロ法を用いるのは必ずしも効率的ではない．モンテカルロ法が大きな意味をもつのはコールやプットなどのオプションよりも特殊な条件でペイオフが与えられ，解析解を得ることができないようなオプション価格を計算する場合である．このようなオプションのことをエキゾチックオプションと言う[†1]．また，その対比でこれまでわれわれが学んできた通常のコールオプションやプットオプションはプレーンオプションやバニラオプション，またはプレーンバニラなどとも呼ばれる．以下，いくつかのコールオプションやプットオプションとは異なるオプションプライシングについてモンテカルロ法を用いた実装方法を考えていく．

　最初に，デジタルオプションについて考える．デジタルオプションは満期でのペイオフがある条件を満たせば1（もしくはその倍数），そうでなければゼロになるオプションであり，以下のペイオフで与えられる．

$$\text{Payoff} = 1_{S_T > K}$$

これは解析解も簡単に得られるが，モンテカルロ法でプライシングしてみる．

```
digital.monte <- function (S,K,r,sigma,T,n)
{
 x <- rnorm (n,0,1) #n個の乱数を発生させる
 y <- (x - mean (x))/sd (x) #2次モーメントまで合致させるように変換する

 P <- 0 #デジタルオプション価格をPで定義し0で初期化する
 for (i in 1:n)
 {
  #デジタルオプションのペイオフが発生するときのみ加算を行う
  if (S*exp ((r-0.5*sigma^2) *T+sigma*sqrt (T) *y[i]) >K)
  {
   P <- P + 1
  }
```

[†1] ただし，すべてのエキゾチックオプションに解析解が存在しないわけではない．

```
      }
      P <- exp (-r*T) *P/n
      return(c("デジタルオプション価格"=P))
    }
```

この関数を用いて原資産価格 $S_0 = 100$, 行使価格 $K = 100$, リスクフリーレート $r = 0.01$, ボラティリティ $\sigma = 0.2$, 満期 $T = 1$ とする場合のデジタルオプションのPVを計算してみよう．また，モンテカルロシミュレーションの反復回数は $n = 10000$ とする．

```
> digital.monte (100,100,0.01,0.2,1,10000)
デジタルオプション価格
          0.4752239
```

また，for 文や if 文を用いずにデジタルオプションの価格を計算することもできる．

```
digital.monte2 <- function (S,K,r,sigma,T,n)
{
 x <- rnorm (n,0,1)
 y <- (x - mean (x))/sd (x)
 #デジタルオプションのペイオフが発生する場合，zは正の値をとる
 z <- S*exp ((r-0.5*sigma^2) *T+sigma*sqrt (T) *y) -K
 #zが正のときのみ加算する．また，zをzで割り加算値を1とする
 P <- exp(-r*T)*sum(z[0<z]/z[0<z])/n
 return(c("デジタルオプション価格"=P))
}
```

この関数を用いてデジタルオプションの計算をしてみよう．

```
> digital.monte2 (100,100,0.01,0.2,1,10000)
デジタルオプション価格
          0.476709
```

ちなみに解析解は 7.3 節で示した密度関数 $f(x)$ を用いて

$$e^{-rT} \int_{\ln(K/S_0)}^{\infty} f(x)dx = e^{-rT}\Phi(d_2)$$

と計算され，0.4752845 となる．

次に，ルックバックオプションについて考える．ルックバックオプションは満期時におけるペイオフが満期時までに原資産がたどった値に依存するオプションであり，そのペイオフはさまざまなものが考えられるが，ここでは以下の例を考える．

$$\text{Payoff} = \max\left(\max\{S_t\}_{t \in [0,T]} - K, 0\right)$$

このルックバックオプションを計算してみよう．

```
lookback.option <- function (S,K,r,sigma,T,n,M)
{
 P <- 0
 dt <- T/M #MはMは観測点の数. 満期までをM個のグリッドに分割する.

 for (i in 1:n) #nはモンテカルロのシミュレーション回数
 {
  St <- S
  #時点tにおける原資産価格. 時点0における原資産価格Sで初期化する
  Smax <- S #Smaxは満期までのStのうち, 最大値を格納する. Sで初期化する
  x <- rnorm (M,0,1) #観測点の数だけ乱数を発生させる

  for (j in 1:M)
  {
   #M個の観測点それぞれにおけるStをシミュレーションする
   St <- St*exp ((r-0.5*sigma^2) *dt+sigma*sqrt (dt) *x[j])
   #時点tにおける価格Stがそれ以前の時点における最大値より大きければ,
   if (St>Smax)
   {
    Smax <- St #最大値の情報を更新する
   }
  }
  P <- P + max (Smax-K,0)
 }
 P <- exp (-r*T) *P/n
 return(c("ルックバックオプション価格"=P))
}
```

これを実行する.

```
> lookback.option (100,100,0.01,0.2,1,10000,100)
ルックバックオプション価格
              15.75529
```

8.4 多資産型オプションのPV計算について

エキゾチックオプションには複数資産を同時に参照するバスケットオプションやレインボーオプションなどもある．たとえば，複数原資産のポートフォリオに関してペイオフが定義されるバスケットコールオプションのペイオフは以下のように与えられる．

$$\text{Payoff} = \max\left(\frac{1}{m}\sum_{j=1}^{m} S_T^j - K, 0\right)$$

（ここでは簡単のため，すべての資産を同じ割合 $1/m$ でもつポートフォリオを考えているが，もちろん一般化することができる）．また，レインボーオプションは複数原資産のうち，最大値もしくは最小値を参照するオプションであり，以下のようなペイオフが考えられる．

$$\text{Payoff} = \max\left(\max\{S_T^j\}_{j=1,\cdots,m} - K, 0\right)$$

これらは原資産が複数種類にわたるため，モンテカルロシミュレーションをする際に若干の注意が必要となる．具体的には，各資産間に相関があるので，原資産を各個別々に定式化するのではなく，同時に定式化する必要があることである．たとえば，$\{S_t^1, \cdots, S_t^m\}$ はリスク中立確率の下で以下のように与えられているものとする．

$$\begin{pmatrix} dS_t^1/S_t^1 \\ \vdots \\ dS_t^m/S_t^m \end{pmatrix} = \begin{pmatrix} r \\ \vdots \\ r \end{pmatrix} dt + \begin{pmatrix} \sigma_{11} & \cdots & \sigma_{1m} \\ \vdots & \ddots & \vdots \\ \sigma_{m1} & \cdots & \sigma_{mm} \end{pmatrix} \begin{pmatrix} dW_t^1 \\ \vdots \\ dW_t^m \end{pmatrix}$$

また，各ブラウン運動は互いに独立とする．これを解くと，

$$S_t^j = S_0^j e^{(r-\frac{1}{2}\|\sigma_j\|^2)t + \sigma_j \mathbf{W}_t}$$

となる．ただし，$\sigma_j = (\sigma_{j1}, \cdots, \sigma_{jm})$，$\|\sigma_j\|$ はユークリッドノルム，また $\mathbf{W}_t = (W_t^1, \cdots, W_t^n)'$ とする．ここで，独立な正規乱数列 $\epsilon^{ji} \sim N(0,1)$，$j=1,\cdots,m$，$i=1,\cdots,n$ を生成する．これを行列形式で保持し，

$$\epsilon^i := (\epsilon^{1i}, \cdots, \epsilon^{mi})'$$

とする．そして，この ϵ^i に対して，S_T^j の確率変数列を以下のように生成する．

$$S_T^{ji} = S_0^j e^{(r-\frac{1}{2}\|\sigma_j\|^2)t + \sqrt{T}\sigma_j \epsilon^i}, \ i=1,\cdots,n$$

この n 個からなる確率変数列を用いてモンテカルロシミュレーションを行う．すなわち，

$$\mathbb{E}\left[f(S_T^1, \cdots, S_T^m)\right] = \frac{1}{n}\sum_{i=1}^{n} f(S_T^{1i}, \cdots, S_T^{mi})$$

を計算してやればよい．ペイオフ関数はバスケットであれレインボーであれ，どちらでも同様に計算できる．以上が，多変量の原資産をもつ場合のモンテカルロシミュレーションの大まかな手順である．

2資産型バスケットオプションを例にして早速計算してみよう．ここで，$S_0 = (100, 50)$, $K = 75$, $r = 0.01$, $\begin{pmatrix} \sigma_{11} & \sigma_{12} \\ \sigma_{21} & \sigma_{22} \end{pmatrix} = \begin{pmatrix} 0.2 & 0.4 \\ 0.1 & 0.5 \end{pmatrix}$, $T = 1$ とする．ただし，モンテカルロ法の反復回数は10000回とする．

```
basket.option <- function(S,K,r,Sigma,T,n)
{
 #Sは対象資産数を含むベクトルとする．
 m <- length(S) #原資産数mを定義する．

 #Sigmaの各行のユークリッドノルムを計算する
 v <- rep(0,m)
 for(j in 1:m)
 {
  v[j] <- sqrt(Sigma[j,]%*%Sigma[j,])
 }
 #上のfor文はより簡単に
 # v <- sqrt(diag(Sigma%*%t(Sigma)))
 #とも書ける
 payoff <- 0 #ペイオフをシミュレーションするための変数を定義
 for(i in 1:n)
 {
  #sum(S^j(t))を計算する
  tmp <- 0
  x<-rnorm(m,0,1) #m次の標準正規乱数を生成する
  for(j in 1:m)
  {
   #m個の資産の満期における価格を合算
   tmp <- tmp+S[j]*exp((r-0.5*v[j]^2)*T+Sigma[j,]%*%x*sqrt(T))
  }
  #以下のようにfor文を用いないこともできる
  #tmp <- S%*%exp((r-0.5*v^2)*T+Sigma%*%x*sqrt(T))
  #m個の資産に関する合算値をmで割ってペイオフを計算
  payoff <- payoff + max(tmp/m-K,0)
 }
 ans <- exp(-r*T)*payoff/n #オプション価格をansに代入
 return(ans)
```

}
```

これを実行する．

```
> Sigma <- matrix (c(0.2,0.1,0.4,0.5),2,2)
> basket.option (c(100,50),75,0.01,Sigma,1,10000)
[1] 14.52932
```

同様にRを用いて先に示したペイオフをもつレインボーオプションの価格を求める関数を作り，$S_0 = (100, 100)$，$K = 100$，$r = 0.01$，$\begin{pmatrix} \sigma_{11} & \sigma_{12} \\ \sigma_{21} & \sigma_{22} \end{pmatrix} = \begin{pmatrix} 0.2 & 0.4 \\ 0.1 & 0.5 \end{pmatrix}$，$T = 1$としてコールオプション価格を計算してみる．ただし，モンテカルロ法の反復回数は10000回とする．

```
rainbow.option <- function(S,K,r,Sigma,T,n)
{
m <- length(S) #原資産数mを定義する

#Sigmaの各行のユークリッドノルムを計算する
v <- rep(0,m)
for(j in 1:m)
{
 v[j] <- sqrt(Sigma[j,]%*%Sigma[j,])
}

payoff <- 0 #ペイオフをシミュレーションするための変数を定義
for(i in 1:n)
{
#S^j(t)を計算する
tmp1 <- 0   #m個の原資産の満期での値の最大値を格納する変数
x<-rnorm(m,0,1) #次の標準正規乱数を生成する
for(j in 1:m)
{
 tmp2 <- S[j]*exp((r-0.5*v[j]^2)*T+Sigma[j,]%*%x*sqrt(T))
 #m個の原資産の満期での値を逐次比較し，最大値をtmp1に格納する
 if(tmp1<tmp2)
 {
  tmp1 <- tmp2
 }
}
#以下のようにfor文を用いないこともできる
```
```

```
    # tmp1 <- max(S*exp((r-0.5*v^2)*T+Sigma%*%x*sqrt(T)))
    payoff <- payoff + max(tmp1-K,0)
  }
  ans <- exp(-r*T)*payoff/n #オプション価格を ans に代入
  return(ans)
}
```

これを実行する．

```
> Sigma <- matrix (c(0.2,0.1,0.4,0.5),2,2)
> rainbow.option (c(100,100),100,0.01,Sigma,1,10000)
[1] 23.07722
```

8.5 制御変量法

最後に数値例は付けないが，制御変量法について簡単に言及して本章を終える．制御変量法も対称変量法やモーメントマッチング法といった分散減少法の一つであり，エキゾチックオプションについて高い精度の PV を求めるための技術である．制御変量法の考え方はシンプルである．

すでに述べたとおり，オプションの価格はそのペイオフ $f(S_T)$ に対して $\mathbb{E}[f(S_T)]$ を計算すればよい．モンテカルロシミュレーションを用いる場合，期待値は

$$\frac{1}{n}\sum_{i=1}^{n} f(S_T^i) \tag{8.2}$$

で計算することになる．これに対して，制御変量法は解析解の知られているオプションのペイオフ $g(S_T)$ を介して，

$$\frac{1}{n}\sum_{i=1}^{n} \left(f(S_T^i) - g(S_T^i)\right) + \mathbb{E}[g(S_T)] \tag{8.3}$$

を計算することでより精度の高いオプション価格を計算しようとするものである．

ここで精度が高いとは，モンテカルロシミュレーションによって計算される解の分散がより小さい，ということである．そこで，制御変量法によるオプション価格 (8.3) の分散と (8.2) の分散の大きさを比較してみよう．

制御変量法による分散は以下のように与えられる．

$$\begin{aligned}
&\mathrm{Var}\left(\frac{1}{n}\sum_{i=1}^{n}\left(f(S_T^i) - g(S_T^i)\right) + \mathbb{E}[g(S_T)]\right)\\
&= \mathrm{Var}\left(\frac{1}{n}\sum_{i=1}^{n} f(S_T^i) - \frac{1}{n}\sum_{i=1}^{n} g(S_T^i) + \mathbb{E}[g(S_T)]\right)
\end{aligned}$$

$$= \mathrm{Var}\left(\frac{1}{n}\sum_{i=1}^{n}f(S_T^i) - \frac{1}{n}\sum_{i=1}^{n}g(S_T^i)\right)$$

$$= \mathrm{Var}\left(\frac{1}{n}\sum_{i=1}^{n}f(S_T^i)\right) + \mathrm{Var}\left(\frac{1}{n}\sum_{i=1}^{n}g(S_T^i)\right)$$

$$- 2\mathrm{Cov}\left(\frac{1}{n}\sum_{i=1}^{n}f(S_T^i)\frac{1}{n}\sum_{i=1}^{n}g(S_T^i)\right)$$

この制御変量法によるオプション価格の分散が式 (8.2) の分散より小さい，すなわち

$$\mathrm{Var}\left(\frac{1}{n}\sum_{i=1}^{n}f(S_T^i)\right) > \mathrm{Var}\left(\frac{1}{n}\sum_{i=1}^{n}f(S_T^i)\right) + \mathrm{Var}\left(\frac{1}{n}\sum_{i=1}^{n}g(S_T^i)\right)$$

$$- 2\mathrm{Cov}\left(\frac{1}{n}\sum_{i=1}^{n}f(S_T^i)\frac{1}{n}\sum_{i=1}^{n}g(S_T^i)\right)$$

が言えれば，$g(S_T)$ を導入することで，$\mathbb{E}[f(S_T)]$ をモンテカルロ法で求めることに伴う誤差が小さくなることになる．上の不等式を整理すると，

$$2\mathrm{Cov}\left(\frac{1}{n}\sum_{i=1}^{n}f(S_T^i)\frac{1}{n}\sum_{i=1}^{n}g(S_T^i)\right) > \mathrm{Var}\left(\frac{1}{n}\sum_{i=1}^{n}g(S_T^i)\right)$$

すなわち，

$$\frac{\mathrm{Cov}\left(\frac{1}{n}\sum_{i=1}^{n}f(S_T^i)\frac{1}{n}\sum_{i=1}^{n}g(S_T^i)\right)}{\mathrm{Var}\left(\frac{1}{n}\sum_{i=1}^{n}g(S_T^i)\right)} > \frac{1}{2}$$

を満たせばよいことがわかる．ここで $\frac{1}{n}\sum_{i=1}^{n}f(S_T^i)$ と $\frac{1}{n}\sum_{i=1}^{n}g(S_T^i)$ の相関係数

$$\rho_{fg} = \frac{\mathrm{Cov}\left(\frac{1}{n}\sum_{i=1}^{n}f(S_T^i)\frac{1}{n}\sum_{i=1}^{n}g(S_T^i)\right)}{\sqrt{\mathrm{Var}\left(\frac{1}{n}\sum_{i=1}^{n}f(S_T^i)\right)}\sqrt{\mathrm{Var}\left(\frac{1}{n}\sum_{i=1}^{n}g(S_T^i)\right)}}$$

を用いると，上の条件式は

$$\rho_{fg}\frac{\sqrt{\mathrm{Var}\left(\frac{1}{n}\sum_{i=1}^{n}f(S_T^i)\right)}}{\sqrt{\mathrm{Var}\left(\frac{1}{n}\sum_{i=1}^{n}g(S_T^i)\right)}} > \frac{1}{2}$$

となる．これは，f と g の挙動が似たようなものであればあるほど，上式は満たされ，誤差は小さくなることを意味している．

たとえば算術平均型アベレージオプションの解析解は求められないことが知られているが，幾何平均型アベレージオプションの解析解は存在する．この関係を利用して，$f()$ を算術平均型アベレージオプションのペイオフ，$g()$ を幾何平均型アベレージオプションのペイオフとするなどして制御変量法を利用できる．

そのほかにも回帰分析法，マルチンゲール分散減少法，条件付モンテカルロ法，層別化法などの分散減少法が知られている．興味ある読者はモンテカルロシミュレーションの専門書をあたられたい．

8.6 演習問題

1. モンテカルロシミュレーションにより，プットオプションの価格を求め，解析解と比較せよ．ただし，原資産価格 $S_0 = 100$，行使価格 $K = 100$，リスクフリーレート $r = 0.01$，ボラティリティ $\sigma = 0.2$，満期 $T = 1$ とする．また，モンテカルロシミュレーションの反復回数は $n = 10000$ とせよ．

2. デジタルプットオプションの価格を求めよ．ただし，原資産価格 $S_0 = 100$，行使価格 $K = 100$，リスクフリーレート $r = 0.01$，ボラティリティ $\sigma = 0.2$，満期 $T = 1$ とする．また，モンテカルロシミュレーションの反復回数は $n = 10000$ とせよ．

3. 以下のペイオフをもつ，レインボープットオプションの価格を求めよ．

$$\text{Payoff} = \max\left(K - \max\{S_T^j\}_{j=1,\cdots,m}, 0\right)$$

ただし，原資産価格 $S_0 = (100, 100)$，行使価格 $K = 100$，リスクフリーレート $r = 0.01$，ボラティリティ $\begin{pmatrix} \sigma_{11} & \sigma_{12} \\ \sigma_{21} & \sigma_{22} \end{pmatrix} = \begin{pmatrix} 0.2 & 0.4 \\ 0.1 & 0.5 \end{pmatrix}$，満期 $T = 1$ とする．また，モンテカルロ法の反復回数は 10000 回とする．

偏微分方程式による デリバティブプライシング

デリバティブのプライシングを行う際の有効なツールの一つとして，偏微分方程式を利用する方法がある．デリバティブ価格の挙動は偏微分方程式によって記述することが可能であり，それを有限差分法などによって解くことで評価が可能となる．

Black-Scholes の偏微分方程式

デリバティブ価格 $V(t, S)$ は時刻 t とリスク資産 S の関数とする．ただし，リスク資産 S はリスク中立測度 Q の下，次式に従うものとする．

$$dS = rSdt + \sigma S dW_t$$

すると伊藤の公式より，

$$\begin{aligned}
dV &= \frac{\partial V}{\partial t}dt + \frac{\partial V}{\partial S}dS + \frac{1}{2}\frac{\partial^2 V}{\partial S^2}dS^2 \\
&= \frac{\partial V}{\partial t}dt + \frac{\partial V}{\partial S}(rSdt + \sigma S dW_t) + \frac{1}{2}\frac{\partial^2 V}{\partial S^2}\sigma^2 S^2 dt \\
&= \left(\frac{\partial V}{\partial t} + rS\frac{\partial V}{\partial S} + \frac{1}{2}\sigma^2 S^2 \frac{\partial^2 V}{\partial S^2}\right)dt + \sigma S \frac{\partial V}{\partial S}dW_t
\end{aligned}$$

と書ける．また，リスク中立測度 Q において

$$\mathbb{E}^Q[dV] = rVdt$$

が成り立つので，Black-Scholes の偏微分方程式，

$$\frac{\partial V}{\partial t} + rS\frac{\partial V}{\partial S} + \frac{1}{2}\sigma^2 S^2 \frac{\partial^2 V}{\partial S^2} - rV = 0$$

を得る．

偏微分方程式を数値的に解く方法の一つとして，有限差分法がある．微分を有限の差分で近似することにより，微分方程式を解くのである．Black-Scholesの偏微分方程式をそのまま差分で近似してもよいが，もう少し簡単にするために変数変換を行う．

1. $S = e^x, dS = Sdx$ を満たす変数 x を導入し，

$$\frac{\partial V}{\partial S} = \frac{1}{S}\frac{\partial V}{\partial x}, \quad \frac{\partial^2 V}{\partial S^2} = -\frac{1}{S^2}\frac{\partial V}{\partial x} + \frac{1}{S^2}\frac{\partial^2 V}{\partial x^2}$$

などの関係を用いる．

2. $V = fe^{-r(T-t)}$ を満たす変数 $f(x,t)$ を導入する．ここで T はオプション満期である．すると，

$$\frac{\partial V}{\partial t} = \frac{\partial f}{\partial t}e^{-r(T-t)} + rfe^{-r(T-t)}$$

などと書ける．

以上の変数変換によってBlack-Scholesの偏微分方程式は，

$$\frac{\partial f}{\partial t} + \left(r - \frac{\sigma^2}{2}\right)\frac{\partial f}{\partial x} + \frac{\sigma^2}{2}\frac{\partial^2 f}{\partial x^2} = 0 \tag{9.1}$$

となる．満期時点 $(t = T)$ でのペイオフ関数 $f(x,T)$ は既知であるため，これを初期条件として時間を逆向きに，$t : T \to 0$ に向かって偏微分方程式 (9.1) を解き，現時点 $(t = 0)$ での値 $f(x,0)$ を求めることによってデリバティブのプライシングを行う（図9.1参照）．

式 (9.1) を数値的に解くためには，x, t に適当な計算領域を設定し，有限差分法によって解を得る．有限差分とは連続変数である x, t を適当なメッシュに切って，微分を有限な差分によって近似する方法である．まず，x や t を適当なメッシュ間隔 $\Delta x, \Delta t$ によって

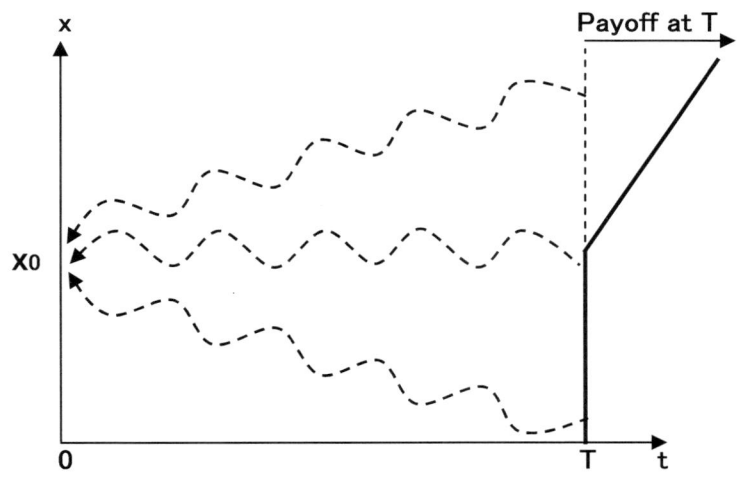

図9.1 偏微分方程式によるデリバティブプライシングの概念図

$$\begin{cases} x_i = i\Delta x \\ t_j = j\Delta t \end{cases} \text{(ここで } i = 0, 1, \cdots, N, j = 0, 1, \cdots, M, \text{は整数値)}$$

と書く．また，$x = x_i, t = t_j$ における f の値を $f(x_i, t_j) = f_{i,j}$ と書く．式 (9.1) に従って t_{j+1} の情報 $f_{i,j+1}$ から t_j の状態 $f_{i,j}$ を順番に計算していく．これを $j = 0$ ($t: T \to 0$) まで繰り返し，現時点におけるデリバティブ価値を計算する．

実際に有限差分法によって微分方程式を近似するにもいくつかの方法がある．ここでは陽解法，陰解法と呼ばれる方法を紹介する．

9.1 陽解法

陽解法は微分の定義 $\partial f / \partial x = [f(x + \Delta x) - f(x)]/\Delta x, (\Delta x \to 0)$ などに従い，

$$\begin{cases} \dfrac{\partial f}{\partial t} = \dfrac{f_{i,j+1} - f_{i,j}}{\Delta t} \\[6pt] \dfrac{\partial f}{\partial x} = \dfrac{f_{i+1,j+1} - f_{i-1,j+1}}{2\Delta x} \\[6pt] \dfrac{\partial^2 f}{\partial x^2} = \dfrac{f_{i+1,j+1} - 2f_{i,j+1} + f_{i-1,j+1}}{\Delta x^2} \end{cases}$$

と微分項を差分で近似する．以上の差分近似を偏微分方程式 (9.1) に代入すると

$$\frac{f_{i,j+1} - f_{i,j}}{\Delta t} + \left(r - \frac{\sigma^2}{2}\right)\frac{f_{i+1,j+1} - f_{i-1,j+1}}{2\Delta x} + \frac{\sigma^2}{2}\frac{f_{i+1,j+1} - 2f_{i,j+1} + f_{i-1,j+1}}{\Delta x^2} = 0$$

と書ける．$\Delta t/\Delta x^2 = \delta$ を定義して $f_{i,j}$ について整理すると，

$$\begin{aligned} f_{i,j} &= \frac{\delta}{2}\left[\sigma^2 - \Delta x\left(r - \frac{\sigma^2}{2}\right)\right]f_{i-1,j+1} + (1 - \delta\sigma^2)f_{i,j+1} \\ &\quad + \frac{\delta}{2}\left[\sigma^2 + \Delta x\left(r - \frac{\sigma^2}{2}\right)\right]f_{i+1,j+1} \\ &= af_{i-1,j+1} + bf_{i,j+1} + cf_{i+1,j+1} \end{aligned}$$

を得る．ここで右辺の各係数を a, b, c と書く．これより，既知の $f_{i,j+1}$ から未知の $f_{i,j}$ を計算することが可能となり，順番に $f_{i,0}$ まで計算し，デリバティブの現在価値を求めることができる（図 9.2 参照[†1]）．

以下に，陽解法によってコールオプション価格を求めるプログラム例を示す．陽解法にせよ，陰解法にせよ，実際にプログラム作成を行う際にはメッシュの切り方や計算領域の取り方などさまざまな工夫を凝らす余地がある．また，境界条件については

[†1] 図からも推察できるかもしれないが，陽解法は本質的に 3 項ツリーと等しい．ただし後述する陰解法は三項ツリーと異なる．どういった点で異なるか，興味ある読者は考察されたい．

図9.2 陽解法の概念図

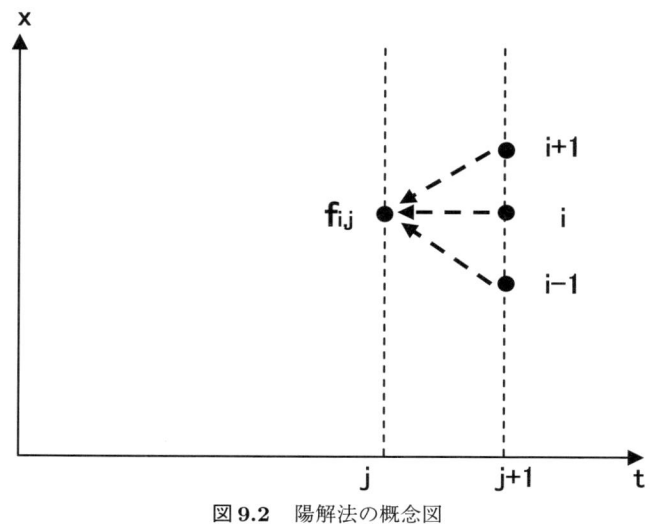

特に考慮が必要となる．時間 t については $[0,T]$ の有界領域を設定すればよいが，原資産価格 S あるいは x については無限領域を取り扱う必要がある．しかし，数値計算上，無限に領域をとることはできないので，十分に大きい領域をとり，その境界で適当な境界条件を設定してやる必要がある．以下のプログラム例では，S：原資産価格，K：ストライク，r：リスクフリーレート，sigma：ボラティリティ，T：オプション満期，M：時間に関するメッシュ数，N：原資産価格に関するメッシュ数を入力変数とし，オプション価格を出力変数とする．ただし，原資産価格のメッシュに関しては現在の原資産価格がメッシュ上に乗るようにするために分割数を $2N$ としている点（図9.3も参照），プログラム内で j は上の説明と逆に，j が大きくなると $t=0$ に近づくことなどに注意されたい．

陽解法のプログラム例

```
PDEex_call <- function (S,K,r,sigma,T,M,N) {

Smax <- 20*S    #解くべき領域を原資産価格の20倍に設定
xmax <- log (Smax)   #Smaxに対応するxmaxを計算

dt <- T/M    #時間[0,T]をM個に分割
dx <- (xmax-log (S))/N   #xmaxからx=log (S)までをN個に分割
xmin <- log (S) -N*dx
#xminからx=log (S)までをN個に分割するようにxminを設定
x <- seq (xmin,xmax,by=dx)
#2N+1次元ベクトル,x[1],x[2N+1]が境界,x[N+1]が原資産に対応するメッシュ
NN <- 2*N    #x=log (S)がメッシュ上に乗るために分割数をNN=2*Nとする
```

```
dd <- dt/ (dx^2)  #delta を定義する

# Initial Condition
f <- pmax (exp (x) -K,0)
#t=T の値，ペイオフを代入，pmax() は要素ごとの最大値を返す関数
g <- f # 1 ステップ前の情報を記憶するために g を用意

# Boundary Condition
g[1] <- 0
a <- (dd/2) * (sigma^2-dx* (r-sigma^2/2))
b <- (1-dd*sigma^2)
c <- (dd/2) * (sigma^2+dx* (r-sigma^2/2))
#t->0 (j->M) に向かって解いていく
for (j in 1:M) {
g[NN+1] <- exp (r*j*dt) * (Smax-K) #境界条件を設定
 for (i in 2:NN) {
  f[i] <- a*g[i-1]+b*g[i]+c*g[i+1]
 }
g <- f #次のステップのためにデータを保存
}

C0 <- exp (-r*T) *f[N+1]  #原資産価格 S に対応するデリバティブ価格

# Analytic Solution
d1 <- (log (S/K) + (r+sigma^2/2) *T) / (sigma*sqrt (T))
d2 <- d1 - sigma*sqrt (T)

C0_A <- S*pnorm (d1) - exp (-r*T) *K*pnorm (d2)

return (c(C0,C0_A))  #差分法による結果と解析解を返す
}
```

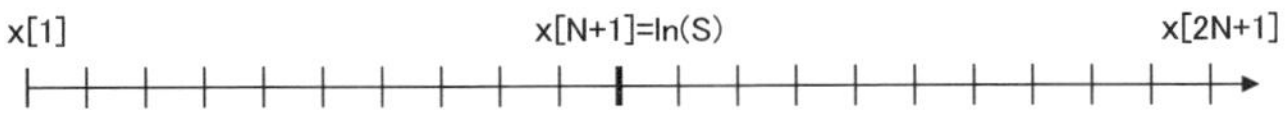

図 9.3 陽解法で用いた x 方向のメッシュの測り方（例）

上記プログラムを実行してみると，次のような結果を得る．

```
> PDEex_call (100,110,0.01,0.2,5,50,20)
[1] 15.90431 15.87741
> PDEex_call (100,110,0.01,0.2,5,300,100)
```

```
[1] 15.87972  15.87741
```

一般的に，メッシュを細かく（M, N を大きく）すると解析解に近づいていく．しかし陽解法は直接的でわかりやすいのだが，Δt と Δx の大小関係によって数値的な不安定性がしばしば起こる[†2]．

```
> PDEex_call (100,110,0.01,0.2,5,50,50)
[1] -430.95516    15.87741
```

9.2 陰解法

陽解法による数値不安定性を解消する一つの方法として陰解法がある．陽解法との大きな違いは空間 (x) による差分を未知の $f_{i-1,j}, f_{i,j}, f_{i+1,j}$ （$j+1$ の値でなく j の値）によって次のように表現することである．

$$\begin{cases} \dfrac{\partial f}{\partial t} = \dfrac{f_{i,j+1} - f_{i,j}}{\Delta t} \\[1em] \dfrac{\partial f}{\partial x} = \dfrac{f_{i+1,j} - f_{i-1,j}}{2\Delta x} \\[1em] \dfrac{\partial^2 f}{\partial x^2} = \dfrac{f_{i+1,j} - 2f_{i,j} + f_{i-1,j}}{\Delta x^2} \end{cases}$$

これを偏微分方程式 (9.1) に代入して整理すると，

$$\begin{aligned} f_{i,j+1} &= -\frac{\delta}{2}\left[\sigma^2 - \Delta x\left(r - \frac{\sigma^2}{2}\right)\right]f_{i-1,j} + (1+\delta\sigma^2)f_{i,j} \\ &\quad - \frac{\delta}{2}\left[\sigma^2 + \Delta x\left(r - \frac{\sigma^2}{2}\right)\right]f_{i+1,j} \\ &= af_{i-1,j} + bf_{i,j} + cf_{i+1,j} \end{aligned} \tag{9.2}$$

を得る．ここで右辺の各係数を a, b, c と書く．また陽解法の場合と異なり，左辺が既知量，右辺が未知量となっている．$i = 0, 1, \cdots, N$ として次の行列を定義すると，

$$\boldsymbol{f}_j = \begin{pmatrix} f_{1,j} \\ f_{2,j} \\ \vdots \\ f_{N-1,j} \end{pmatrix}, \quad D = \begin{pmatrix} b & c & 0 & \cdots & & 0 \\ a & b & c & 0 & \cdots & 0 \\ & & & \ddots & & \\ 0 & \cdots & 0 & & a & b \end{pmatrix}, \quad \boldsymbol{g} = \begin{pmatrix} af_{0,j} \\ 0 \\ \vdots \\ cf_{N,j} \end{pmatrix}$$

差分化された偏微分方程式 (9.2) は $\boldsymbol{f}_{j+1} = D\boldsymbol{f}_j + \boldsymbol{g}$ と書けるので，

$$\boldsymbol{f}_j = D^{-1}(\boldsymbol{f}_{j+1} - \boldsymbol{g}) \tag{9.3}$$

[†2] 直感的に言うと，Δt が Δx に比べて大きすぎると 1 ステップの計算後に x の情報が $x + \Delta x$ を飛び越えて伝達してしまい不安定性が起こる．熱伝導方程式では $\delta = \Delta t/(\Delta x)^2 < 1/2$ であれば数値的に安定であることが知られている．

9.2 陰解法

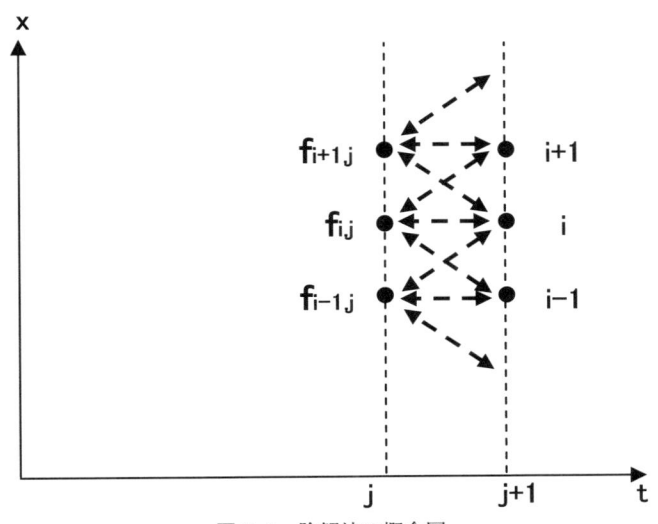

図9.4 陰解法の概念図

を得る．ここで，D^{-1} は D の逆行列である．よって，陽解法と同様に式 (9.3) を $j \to 0$ に向かって解くことでデリバティブのプライシングが可能となる（図9.4参照）．陽解法では $f_{i,j}$ の値を $j+1$ 時点の情報のみによって求めたが，陰解法ではインプリシットに（つまり陰に）j 時点の情報を用いながら解いている．

以下に，陰解法によってコールオプション価格を求めるプログラム例を示す．陽解法の例と同様に，時間 t 方向のメッシュを M，空間 x 方向のメッシュを原資産価格がメッシュ上に乗るようにするため $2N$ に切っている（図9.5も参照）．また，ここでもプログラム内の j は大きくなると $t=0$ に近づく方向にとっていることにも注意．

陰解法のプログラム例

```
PDEim_call <- function (S,K,r,sigma,T,M,N) {

Smax <- 20*S   #解くべき領域を原資産価格の20倍に設定
xmax <- log (Smax)  #Smaxに対応するxmaxを計算

dt <- T/M   #時間[0,T]をM個に分割
dx <- (xmax-log (S))/N  #xmaxからx=log (S)までをN個に分割
xmin <- log (S) -N*dx
#xminからx=log (S)までをN個に分割するようにxminを設定
x <- seq (xmin,xmax,by=dx)   #2N+1次元ベクトル
NN <- 2*N   #x=log (S)がメッシュ上に乗るために分割数をNN=2*Nとする

dd <- dt/ (dx^2) #deltaを定義する

a <- -dd* (sigma^2-dx* (r-sigma^2/2))/2
```

```
        b <- (1+dd*sigma^2)
        c <- -dd* (sigma^2+dx* (r-sigma^2/2))/2

        Da <- cbind (rbind (0,a*diag (NN-2)),0)
        Db <- b*diag (NN-1)
        Dc <- cbind (0,rbind (c*diag (NN-2),0))

        D <- Da + Db + Dc    #マトリクスDを生成

        # Calculate D^ (-1)
        library (MASS) # MASSパッケージの読み込み
        Dinv <- ginv (D)    #Dの逆行列をginv()で計算

        # Initial Condition
        f0 <- pmax (exp (x) -K,0)   #t=Tの値,ペイオフを代入
        f <- f0[2:NN]
        # 境界f0[1] (i=0),f0[NN+1] (i=2N) を除いた2N-1次元ベクトル

        # Boundary Condition
        g <- rep (0,NN-1)
        g[1] <- a*0    #i=0による境界条件を設定

        #t->0 (j->M)に向かって解いていく
        for (j in 1:M) {
        g[NN-1] <- c*exp (r*j*dt) * (Smax-K)  #i=2Nによる境界条件を設定
        f <- Dinv%*% (f-g)
        }

        C0 <- exp (-r*T) *f[N]    #原資産価格Sに対応するデリバティブ価格

        # Analytic Solution
        d1 <- (log (S/K) + (r+sigma^2/2) *T) / (sigma*sqrt (T))
        d2 <- d1 - sigma*sqrt (T)

        C0_A <- S*pnorm (d1) - exp (-r*T) *K*pnorm (d2)

        return (c(C0,C0_A))   #差分法による結果と解析解を返す
        }
```

計算を実行してみると,メッシュの分割数 (M, N) を増やしていくに従って解析解

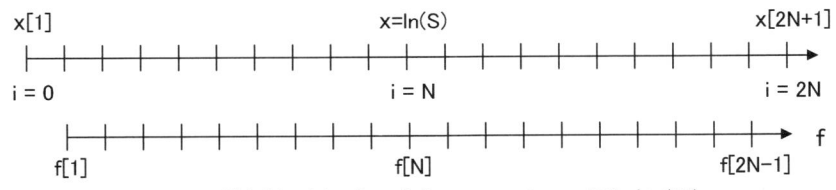

```
            x[1]                      x=ln(S)                  x[2N+1]
            ├─┼─┼─┼─┼─┼─┼─┼─┼─┼─┼─┼─┼─┼─┼─┼─┼─┼─┼─┼─┼─┼─┼─┤→
            i = 0                     i = N                    i = 2N

            ├─┼─┼─┼─┼─┼─┼─┼─┼─┼─┼─┼─┼─┼─┼─┼─┼─┼─┼─┼─┼─┼─┼─┤→ f
            f[1]                      f[N]                     f[2N-1]
```

図 9.5　陰解法で用いた x 方向へのメッシュの切り方（例）

に近づいていくことなどが確かめられる[3].

```
> PDEim_call (100,110,0.01,0.2,5,10,10)
[1] 15.56797 15.87741
> PDEim_call (100,110,0.01,0.2,5,50,50)
[1] 15.84162 15.87741
> PDEim_call (100,110,0.01,0.2,5,100,100)
[1] 15.85572 15.87741
> PDEim_call (100,110,0.01,0.2,5,500,500)
[1] 15.87356 15.87741
```

オプション価格を原資産価格の関数として表示したい場合は，関数の出力を

```
return (list (exp (x[2:NN]),exp (-r*T) *f))
```

と変更し,

```
> z <- PDEim_call (100,110,0.01,0.2,5,500,500)
> x <- z[[1]]
> y <- z[[2]]
> plot (x[1:600],y[1:600],xlab="Spot",ylab="Price",type="l")
```

とすると図 9.6 を描くことができる.

　コールオプション価格は解析解があるため，結果を確かめながらプログラムを作成できた．このプログラム例を応用することで，解析解の存在しないデリバティブ価格の近似値を計算することが可能となる．

---

[3] 計算領域の設定，メッシュの切り方，境界条件などを工夫することでさらに近似精度を上げることも可能かと思われる．たとえばオプション満期に応じて S の計算領域を変更することなども可能である．各自でいろいろと試してみるとよいだろう．

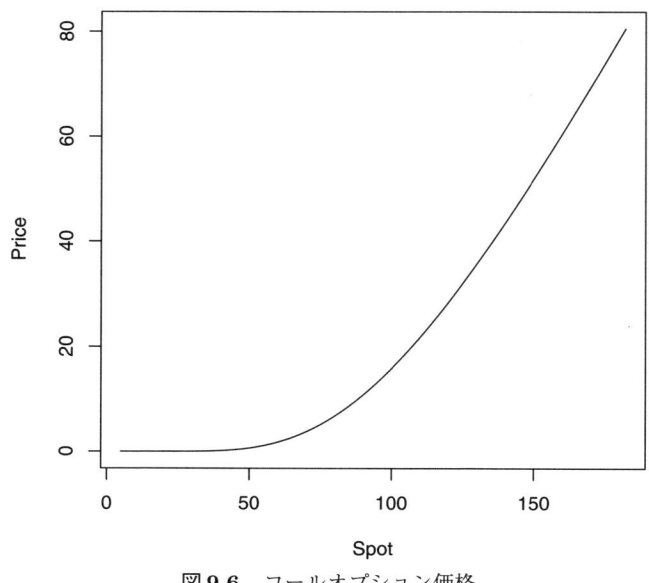

図 9.6 コールオプション価格

9.3 演習問題

1. 偏微分方程式を解いて，プットオプション価格を求めるプログラムを作成せよ．
2. 作成したプログラムを用いて解析解との比較を行い，近似精度を確かめよ．

APPENDIX A

Rの最適化関数

A.1 多変量最適化問題

7.4節でインプライドボラティリティを計算する際に，optimize() 関数を用いた最適化問題の例を示したが，そこでは求める変数はボラティリティの1変数のみであった．しかし，より複雑なモデルではカリブレーションによって複数の変数を決定しなくてはならないことが多々ある．そこでインプライドボラティリティの実務的な話からは外れるが，Rによる多変量に関する最適化の例を挙げるために次のような問題を考える．7.4節で与えられた市場価格に最も適合するようなボラティリティ σ とリスクフリーレート r を求める問題を考えてみる．通常 r は既知として Black-Scholes 公式を用いるが，多変量の最適化問題の解き方を例示するため，あえてこのような問題を解いてみる．Rでは optim() という関数を用いて最適化を行うことができるが，考え方は1変数の場合と同様である（当然，optim() を用いて1変数の最適化も行える）．また optim() はデフォルトでは最小化を行う．

まず，Black-Scholes 公式を計算する関数を定義する．

```
black_scholes <- function (S,K,r,sigma,T)
{
d1 <- (log (S/K) + (r+sigma^2/2) *T) / (sigma*sqrt (T))
d2 <- d1 - sigma*sqrt (T)

C0 <- S*pnorm (d1) - exp (-r*T) *K*pnorm (d2)
return (C0)
}
```

多変量最適化向けに誤差関数を 7.4 節の err1 から少し書き換える．

```
err2 <- function (S,K,var,T,MktPrice)
{
  #var (r,sigma) とする
  tmp <- (MktPrice-black_scholes (S,K,var[1],var[2],T))^2

  return (sum (tmp))
}
```

ストライク毎の価格を与えて最適化を実行する．

```
> K_sample <- c (80,90,100,110,120)
> Mkt_sample <- c (22.75,15.1,8.43,4.72,3.28)
> #リスクフリーレート，インプライドボラティリティの初期値を 0.01, 0.1 として最適化
> optim (c(0.01,0.1),err2,MktPrice=Mkt_sample,S=100,K=K_sample,T=1)
$par
[1] 0.02190933 0.19890999


$value
[1] 0.9296892


$counts
function gradient
      65       NA


$convergence
[1] 0


$message
NULL
```

リスクフリーレートは 2.2%，インプライドボラティリティは 19.9% が最適となることが示される．また，誤差は 0.93 となっている．引数で変数の初期値を与えているが，この初期値の選び方によっては局所的な最適解となり，真の最適解になっていない可能性がある．初期値は解となりそうな値にある程度目処をつけて，試行錯誤を繰り返しながら選択していかなくてはならない．

次に制約付きの最適化を行う constrOptim () 関数の使い方について述べる．先の optim () の例では制約を与えることなくリスクフリーレートとボラティリティに関する最適化を行ったが，これらの変数に非負制約を与えて最適化を行う方法を以下に示す．

```
constrOptim (c(0.01,0.1),err2,ui=rbind (c(1,0),c (0,1)),ci=c (0,0),
method="Nelder-Mead",MktPrice=Mkt_sample,S=100,K=K_sample,T=1)
```

`method="Nelder-Mead"` で最適化手法を Nelder-Mead 法に指定した（optim () 関数のデフォルトは "Nelder-Mead" 法）．最適手法はさまざまなものが選択でき，ほかにも "BFGS"，"CG"，"L-BFGS-B"，"SANN" 法が指定できる．各手法について興味がある読者は適宜専門書を当たられるとよいが，通常は好みに応じて指定し，不都合があれば R が警告メッセージを発してくれるので，それに従えばよいだろう．constrOptim () では，特に指定しない場合はグラディエントを与える必要があるので，ここでは明示的に Nelder-Mead 法を指定した．また，constrOptim() の制約範囲は "ui" と "ci" を指定することで与えることができる．ui と ci は以下のような関係をもつ．

$$\mathrm{ui} \times 解 - \mathrm{ci} \geq 0$$

今の例では $\mathrm{ui} = \begin{pmatrix} 1 & 0 \\ 0 & 1 \end{pmatrix}$ であり，$\mathrm{ci} = (0,0)$ なので，constrOptim() を用いて得られた解 (r^*, σ^*) は

$$\begin{pmatrix} 1 & 0 \\ 0 & 1 \end{pmatrix} \begin{pmatrix} r^* \\ \sigma^* \end{pmatrix} - \begin{pmatrix} 0 \\ 0 \end{pmatrix} \geq 0$$

を満たす．これによりリスクフリーレートとボラティリティが非負である制約を加えることができる．さて，この計算結果は以下のようになる．

```
$par
[1] 0.02191454 0.19889573


$value
[1] 0.9296888


$counts
function gradient
      55       NA


$convergence
[1] 0


$message
NULL


$outer.iterations
[1] 4
```

```
$barrier.value
[1] 6.257486e-05
```

制約なしの場合でも非負のリスクフリーレートとボラティリティが解として与えられたので，当然ではあるが，制約を与えても結果はほぼ変わらない．

A.2　最適化問題としての有効フロンティア

3資産の期待リターン，ボラティリティ，共分散などが $\mu_1 = 0.1$, $\mu_2 = 0.05$, $\mu_3 = 0.15$, $\sigma_1 = 0.2$, $\sigma_2 = 0.1$, $\sigma_3 = 0.3$, $\sigma_{1,2} = -0.015$, $\sigma_{13} = 0.01$, $\sigma_{2,3} = -0.02$ と与えられており，空売りが許されていない場合の有効フロンティアを描いてみる．

投資比率のウェイトを $\boldsymbol{w}$，期待収益率ベクトルを $\boldsymbol{\mu}$，分散共分散行列を V と書くと，4.5節で述べた束縛条件に空売り禁止条件を加えた，

$$\boldsymbol{w}'\boldsymbol{\mu} = \mu_p, \quad \boldsymbol{w}'\boldsymbol{1} = 1, \quad w_i \geq 0$$

の束縛条件の下で，

$$\sigma_p^2 = \boldsymbol{w}'V\boldsymbol{w}$$

を最小化する問題となる．等式条件 $\boldsymbol{w}'\boldsymbol{1} = 1$ も $\boldsymbol{w}'\boldsymbol{1} \geq 1$ かつ $-\boldsymbol{w}'\boldsymbol{1} \geq -1$ とすれば，不等式制約条件として与えられるので，constrOptim () を用いて解くことも可能である．しかし，初期条件の与え方などが煩雑になるので，ここでは2次計画問題を解くためのパッケージquadprogのsolve.QP (D, d, A, b_0, meq $= x$) 関数を用いて解く．この関数は $A'b \geq b_0$ の束縛条件の下，$(-d'b + 1/2b'Db)$ を最小化する b を求める問題を解く．さらに "meq=x" と指定することで束縛条件の最初の x 個は等式制約として問題を解くことができる（デフォルトは $x = 0$）．

それでは実際に，solve.QP () 関数を使ってみよう．まず，パッケージquadprogをインストールし読み込む（1.8節参照）．

```
> library (quadprog)
```

次に，期待収益率や分散共分散行列を定義する．

```
> #期待収益率を定義
> mu <- c (0.1,0.05,0.15)
> #分散共分散行列を定義
> V<-rbind(c(0.2^2,-0.015,0.01),c(-0.015,0.1^2,-0.02),c(0.01,-0.02,0.3^2))
```

今回の問題ではsolve.QP () 関数の引数の D は分散共分散行列，d はゼロベクトルとなる．A は以下のように定義し，最初の2列は等式制約，後ろの3列は空売り規制を表す不等式制約に用いる．

```
> d <- rep (0,3)
```

```
> d
[1] 0 0 0
> tmp <- matrix (0,nrow=3,ncol=3)
> diag (tmp) <- 1
> A <- cbind (rep (1,3),mu,tmp)
> A
        mu
[1,] 1 0.10 1 0 0
[2,] 1 0.05 0 1 0
[3,] 1 0.15 0 0 1
```

例として，収益率が 0.1 という制約の下でリスクが最小となるポートフォリオのウェイトを計算してみる．その場合，b_0 を次のように与える．

```
> b0 <- c (1, 0.1, rep (0,3))
> b0
[1] 1.0 0.1 0.0 0.0 0.0
```

最初の 1 はウェイトの合計が 1 となることを，次の 0.1 は収益率が 0.1 となることを，後ろの 3 つのゼロは各ウェイトがゼロ以上となることを制約条件として与える．solve.QP () 関数を実行してみる．

```
> solve.QP (V,d,A,b0,meq=2)
$solution
[1] 0.2916667 0.3541667 0.3541667

$value
[1] 0.004947917

$unconstrained.solution
[1] 0 0 0

$iterations
[1] 3 0

$Lagrangian
[1] -0.02572917  0.35625000  0.00000000  0.00000000  0.00000000

$iact
[1] 1 2
```

これより，それぞれのウェイトを $0.3, 0.35, 0.35$ 程度とすることで，$\frac{1}{2}\sigma_p^2$ の最小値が

0.005 となることが示された．また，各ウェイトの合計が 1 となり，収益率が 0.1 となっていることも確認できる．有効フロンティアを図示したい場合は次のようなプログラムを書いて実行すると，図 A.1 を得る（図 4.3 も参照）．

```
Frontier <- function (n,mu,V) { # n は資産の数
library (quadprog)
#束縛条件の mu_p を 0.001 刻みで設定
mu_p <- seq (min (mu),max (mu),by=0.001)
m <- length (mu_p)
sigma_p <- rep (0,m)
weight <- matrix (0, nrow=m, ncol=n)

#今回の場合，d はゼロベクトル
d <- rep (0,n)
tmp <- matrix (0,nrow=n,ncol=n)
diag (tmp) <- 1
#A ベクトルの最初の 2 列は等式制約，後ろの n 列は空売り規制
A <- cbind (rep (1,n),mu,tmp)

for (i in 1:m) {
 b0 <- c (1, mu_p[i], rep (0,n))
 Z <- solve.QP (V,d,A,b0,meq=2)
 sigma_p[i] <- sqrt (2*Z$value)
 weight[i,] <- Z$solution
}

plot (sigma_p,mu_p,xlim=c (0,max (sqrt (diag (V)))),"l")

}
> #計算を実行
> Frontier (3,mu,V)
```

また，プログラム最後の plot を以下のように書き換えると，ターゲットリターンに対して最小分散を与える各資産のウェイトを図 A.2 のように図示できる．

```
list<-paste ("weight", 1:n)
barplot (t(weight),names.arg=mu_p,xlab="mu_p",ylab="weight",border=0,
legend=list)
#border=0 で棒グラフの枠線を消す．また，col=1:3 などで色つきになる．
```

ほかにも tseries パッケージに solve.QP を利用した portfolio.optim という関数も

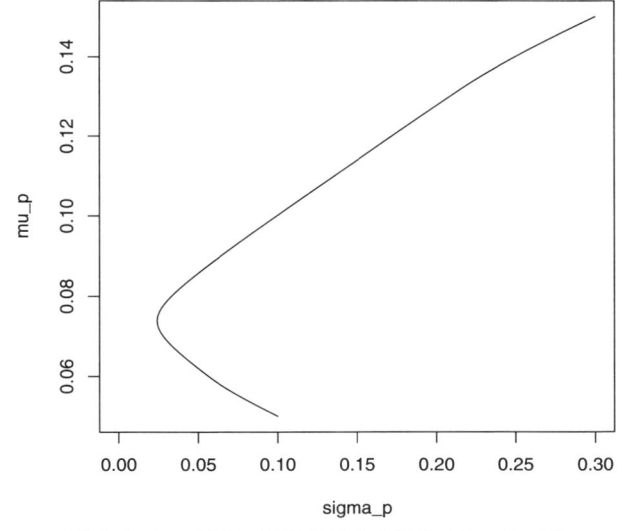

図 A.1 空売り規制がある場合の有効フロンティア

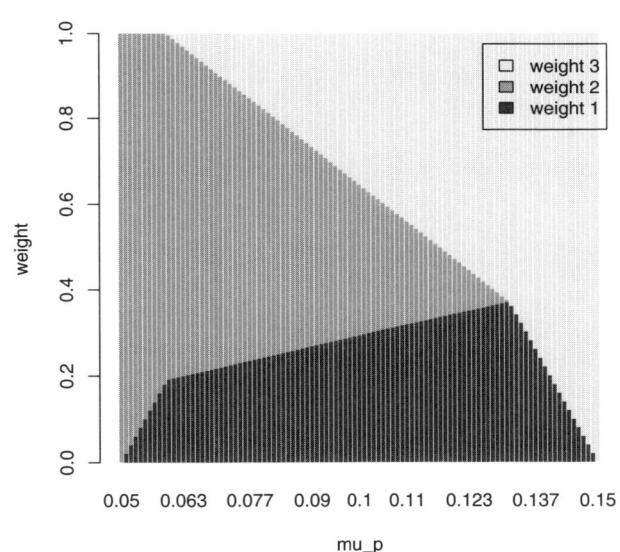

図 A.2 各資産のウェイト

ある．R がもつ最適化関連の関数としては，ほかにも uniroot () や非線形連立方程式を解くために用いられる nleqslv パッケージなどがある．読者は適宜必要に応じて使用されたい．

APPENDIX B

その他の R 関連情報について

　最後に，本書で述べた以外に有用な R 関連の情報をピックアップしておこう．ファイナンス関連の R 情報について，おそらく最も大規模な情報交換の場となっているものの一つは R-sig-finance mailing list (`https://stat.ethz.ch/pipermail/r-sig-finance/`) である．しかし，情報量が膨大で求める情報にたどり着くことは難しい場合もある．こうしたときには，たとえば Rseek (`http://www.rseek.org/`) などで R 関連情報を検索するのが効率的である．もちろん，Google で，「調べたい項目 + "R-sig-finance"」などと打ち込んで検索するのもよいだろう．あるいは，今少し整理した情報を入手したい向きは CRAN Task View を参考にされるのがよいだろう (`http://cran.r-project.org/web/views/`)．われわれに必要な情報は "Finance"，"Time Series"，"Optimization" といったカテゴリーで見つけることができるだろう．

　また，Applied Finance with R といった学会なども開催されており，最新の研究が報告されている．2013 年 5 月にはシカゴで R/Finance 2013: Applied Finance with R として開催されている．ほかにも，Rmetrics と呼ばれるプロジェクトはワークショップ・サマースクールなどを開催しているほか，教科書 (`https://www.rmetrics.org/ebooks`) の発行やファイナンス向けパッケージの配布なども行っている．

　こういったニュースを入手するには，たとえば R-Bloggers (`http://www.r-bloggers.com/`) などをチェックするといいだろう．ブログという性質上，雑駁な情報が掲載されがちだが，有用な情報も多いので参考になる．その他，以下のようなサイトからも有用な情報が得られるだろう．Revolutions (`http://blog.revolutionanalytics.com`)，Inside-R (`http://www.inside-r.org`)．

ファイナンス関連パッケージ　本書では基本的なパッケージを用いてファイナンス理論について解説してきたが，よりファイナンスに特化したパッケージも配布されている．たとえば，RQuantLib, quantmod などである．

また，本書では最適化によるモデルパラメータの推定についても議論したが，本書で扱った基本的なモデルをさらに拡張したモデルにおいてパラメータを推定するのは容易ではない．そうしたときにはyuimaパッケージなどを参照されたい（ただし，古いバージョンのRには対応していないので注意が必要である）．これはたとえば，確率過程がジャンプを含む場合や，漸近展開を行う場合などにも対応している．

また，理論を扱う上ではあまり気にならないが，実務的には非常に気になる休日データを抽出する機能などを備えているのがtimeDataパッケージである．たとえば，同パッケージを導入して関数 holidayNYSE () などを用いれば，ニューヨークの休日を抽出することができる．

また，実務家でBloombergワークステーションを使用できる環境にある読者は，RBloombergを使ってR上でデータを取得できる（ただし，RDCOMClientもしくはrcomパッケージを導入しておく必要がある）．

データ取得について　本書では時系列分析にあたって，時系列データを便宜的にみずほ銀行のサイトからダウンロードしたが，tseriesパッケージもデータ取得機能を備えている．関数 get.hist.quote () がそれである．この関数の引数は以下のように定義されている．

```
get.hist.quote (instrument = "^gdax", start, end,
                quote = c ("Open", "High", "Low", "Close"),
                provider = c ("yahoo", "oanda"), method = NULL,
                origin = "1899-12-30", compression = "d",
                retclass = c ("zoo", "its", "ts"), quiet = FALSE, drop =
                FALSE)
```

詳細な使用方法は，以下のWebページを参照されたい．

http://rss.acs.unt.edu/Rdoc/library/tseries/html/get.hist.quote.html

慣れるまでは扱いが難しいかもしれないが，興味ある読者は試してみられたい．同様に，quantmodやfImportパッケージなどもデータ取得機能を備えている．

関数索引

$resid, 66
%*%, 8, 12
%%, 21

adf.test, 64
ar, 65, 70
arima, 72

Box.test, 68

c, 7
ca.jo, 79
cbind, 11
choose, 38
colnames, 16
constrOptim, 166, 167
cos, 24

data.frame, 15
dev.copy2eps, 27
diag, 11
diff, 64
dim, 12
dnorm, 26, 37
dt, 40

each, 9
exp, 24

for, 20, 22
function, 18

ginv, 162

hist, 26

if, 20
is.complex, 17
is.data.frame, 18
is.list, 18
is.matrix, 18
is.numeric, 16
is.vector, 17

jarque.bera.test, 68

length, 9
library, 30
list, 13
loadings, 54
log, 24

MASS, 162
matrix, 10
max, 36, 122
median, 36
min, 36
mode, 16

names, 14
ncol, 12
nrow, 12

optim, 165
optimize, 135, 136
order.max, 71

paste, 6
persp, 26
plot, 24
pmax, 159
pnorm, 37
po.test, 79
PP.test, 65
predict, 69, 78, 104
princomp, 53
pt, 41

qt, 41
quantile, 37

rbind, 11
read.csv, 27, 62
read.table, 27
rep, 9
rev, 9

rnorm, 24, 35, 140
rownames, 16

seq, 8
sin, 24
smooth.spline, 104
solve.QP, 168
source, 29
str, 53
sum, 8, 36

t.test, 41
trunc, 123
ts, 63

unclass, 55

while, 20, 21
windows, 26
write.csv, 27
write.table, 27

ylim, 69

索引

記号・英字・数字

β 値, 86, 93
χ^2 分布, 37
Γ, 40
1 期間モデル, 111
1 ファンド定理, 92
2 項モデル, 111
2 次計画問題, 99

A

AIC, 70
APT, 94
ARIMA, 72
ARMA, 72
Arrow-Debreu 証券, 112, 118

B

Black-Scholes 公式, 133
Black-Scholes の偏微分方程式, 155
Box-Pierce 検定, 68

C

CAPM, 85

D

Dickey-Fuller 検定, 64
d 次和分過程, 72

E

EPS, 98

F

Fama-French の 3 ファクターモデル, 98
fImport, 174
f 分布, 37

J

Jarque-Bera 検定, 68
Johansen の共和分検定, 79

L

Libor, 102
Ljung-Box 検定, 68
London Inter-bank Offered Rate, 102

P

par rate, 102
PBR, 98
PER, 98
Philips-Perron 検定, 65
Phillips-Ouliaris 検定, 79, 80
Put-Call Parity, 134
p 値, 39, 47

Q

quadprog, 168
quantmod, 173, 174

R

RQuantLib, 173

T

Tibor, 102
Tokyo Inter-bank Offered Rate, 102
tseriesパッケージ, 79
t 検定, 39, 40
t 値, 47
t 統計量, 40
t 分布, 37, 39, 40

U

urcaパッケージ, 79

V

VAR, 74

ア

赤池情報量規準, 70
安全資産, 85
伊藤の公式, 131
イールドカーブ, 49, 102
陰解法, 160
インプライドボラティリティ, 135, 165
ウィナー過程, 130
エキゾチックオプション, 145

カ

回帰係数, 47
回帰分析, 44
確率密度関数, 37
仮説検定, 37
片側検定, 43
カリブレーション, 135
感応度, 108
関数, 18
ガンマ, 108
ガンマ関数, 40
ガンマ分布, 37
棄却領域, 41
期待超過収益率, 93
帰無仮説, 38
逆イールド, 49
共分散, 87
行列, 5
共和分過程, 79
寄与率, 54, 59
金利, 48
金利スワップ, 101
決定係数, 47
現在価値, 48

原資産, 101, 112
行使価格, 121, 122
固定金利, 102
個別リスク, 97
固有値, 59
固有値問題, 57
固有ベクトル, 52, 54, 59
コールオプション, 119, 132, 133, 161

サ

債券価格, 48
債券利回り, 49
最小分散境界, 88, 89, 91, 92, 98
裁定価格理論, 94
最適化, 135
残差, 46
時系列分析, 61
自己回帰移動平均モデル, 72
自己回帰モデル, 65
自己回帰和分移動平均モデル, 72
市場ポートフォリオ, 85, 92, 93
システマティックリスク, 96
資本資産価格モデル, 85
資本市場線, 92
重回帰分析, 44
主成分, 51
主成分スコア, 51, 56, 58
主成分負荷量, 56
主成分分析, 50, 52
順イールド, 49, 102
スカラー, 5
スティープナー, 57
スプライン補間, 104
スポットレート, 106
スワップ金利, 102
スワップの受け, 102
スワップの払い, 102
制御変量法, 151
接点ポートフォリオ, 92
相関行列, 58
相関係数, 87
想定元本, 102

タ

第一種の誤り, 39
対称変量法, 142
対数正規分布, 37
大数の法則, 34, 35, 139

第二種の誤り, 39
対立仮説, 38
多重共線性, 45
多変量自己回帰モデル, 74
単位根検定, 64
単回帰分析, 44
中心極限定理, 35
調整済み決定係数, 47
デジタルオプション, 145
データフレーム, 5
デリバティブ, 101, 111, 112
デリバティブ価格, 139
デルタ, 108
転置行列, 53
同値, 117

ナ
二項分布, 37
二標本 t 検定, 43

ハ
バスケットオプション, 148, 149
バスケットコールオプション, 148
派生商品, 111
バタフライ, 57
バニラオプション, 145
バーベル, 57
パーレート, 102
標準正規分布, 133
標準ブラウン運動, 130
標本, 33
標本標準偏差, 34
標本分散, 33
標本平均, 33
ファクター価格, 96
フォワードレート, 103, 106
複製, 115
プットオプション, 133
プットコールパリティ, 134
ブートストラップ法, 105
不偏標準偏差, 34
不偏分散, 34, 36, 40
ブラウン運動, 130, 140
フラットナー, 57
ブレット, 57
プレーンオプション, 145
分散共分散行列, 58

分散減少法, 142
分散効果, 88
ペアトレーディング, 81
平均–分散ポートフォリオ, 86
ベクトル, 5
ベータ分布, 37
変動金利, 102
ポアソン分布, 37
ポートフォリオ, 85
ポートフォリオ効果, 88
母平均, 40
ボラティリティ, 86, 130
ボラティリティスキュー, 136
ボラティリティスマイル, 136

マ
マルチンゲール, 117
マルチンゲール測度, 118
無裁定, 94, 112
無裁定条件, 94, 113
メルセンヌツイスター, 141, 142
モンテカルロシミュレーション, 139

ヤ
有意確率, 39
有意水準, 39
有限差分法, 156
有効フロンティア, 88, 92, 99, 168
ヨーロピアンコールオプション, 121

ラ
乱数, 37
リスク, 86
リスク中立測度, 116, 118, 120, 139, 140
リスクの市場価格, 92
リスク量, 107, 108
リスト, 5
利回り, 48, 49
累積寄与率, 54, 59
累積分布関数, 37
ルックバックオプション, 146
レインボーオプション, 148, 150
レバレッジ, 102

ワ
和分過程, 79
割引係数, 101, 107

Memorandum

Memorandum

Memorandum

〈著者紹介〉

大﨑　秀一（おおさき　しゅういち）
東京大学工学部卒，東京大学大学院において博士（科学：プラズマ物理）取得．東京大学助手，テキサス大学核融合研究所研究員としてプラズマ物理の研究に従事．その後，みずほ第一フィナンシャルテクノロジー入社，バークレイズキャピタル証券を経て，現在は米系証券会社にて金利ストラテジストとして勤務．その間，京都大学経営管理大学院非常勤講師，法政大学経営学部特別講師などを歴任．

吉川　大介（よしかわ　だいすけ）
京都大学経済学部卒，京都大学大学院経済学研究科において博士（経済学）取得．みずほ第一フィナンシャルテクノロジーを経て，現在は北海学園大学経営学部講師として勤務．その他，京都大学経営管理大学院非常勤講師，インペリアルカレッジロンドン数学科客員研究員などを歴任．

ファイナンスのための **R** プログラミング －証券投資理論の実践に向けて－ *R Programming for Finance* 2013 年 10 月 25 日　初版 1 刷発行 2015 年　1 月 20 日　初版 2 刷発行 検印廃止 NDC 007.64, 338.15 ISBN 978-4-320-11044-1	著　者　大﨑秀一・吉川大介　© 2013 発行者　南條光章 発行所　共立出版株式会社 　　　　東京都文京区小日向4-6-19 　　　　電話　03-3947-2511（代表） 　　　　郵便番号　112-0006 　　　　振替口座　00110-2-57035 　　　　URL http://www.kyoritsu-pub.co.jp/ 印　刷　啓文堂 製　本　協栄製本 NSPA 一般社団法人 　　　自然科学書協会 　　　会員 Printed in Japan

---

JCOPY　〈(社)出版者著作権管理機構委託出版物〉
本書の無断複写は著作権法上での例外を除き禁じられています．複写される場合は，そのつど事前に，(社)出版者著作権管理機構（電話 03-3513-6969，FAX 03-3513-6979，e-mail: info@jcopy.or.jp）の許諾を得てください．

ファイナンスの数学的基礎 ―離散モデル―

津野義道著
A5判・406頁・本体5,700円

本書では数理ファイナンスをその基礎から解説する。数学的な予備知識としては、大学初年級で学ぶ「解析学」と「線形代数学」に限定した。また、経済学の知識は仮定せず、必要なところで適宜紹介した。市場の無裁定条件、個人投資家の最適戦略、市場の均衡が中心課題になる。

確率解析とファイナンス

岩城秀樹著
A5判・456頁・本体6,300円

ブラック・ショールズ式をはじめとする最近のファイナンス理論を理解するのに必要な確率解析の知識を整理し、それらの知識が実際にファイナンスの分野にどのように活用されているのかを詳しく解説。構成は「測度と積分」、「確率積分」、「ファイナンス」の3部から成る。

ファイナンスの数理入門 経済社会の数理科学⑤

津野義道著
A5判・200頁・本体2,400円

本書は、大学経済学部の学生を主対象にした数理ファイナンスの教科書である。半期制の講義体系にマッチさせるように第Ⅰ部では「有限離散モデル」を、第Ⅱ部では伊藤の公式、Black-Scholesモデルなどの「連続時間モデル」をコンパクトにまとめあげている。

ファイナンスのための計量分析

J. Y. Campbell・A. W. Lo・A. C. MacKinlay 著
祝迫得夫・大橋和彦・中村信弘
本多俊毅・和田賢治訳
菊判・648頁・本体7,300円

MBAの学生や実務の専門家を主対象として書かれた、本格的なテキスト。原著者らは本分野のトップランナーであり、それぞれの研究成果に基づき、幅広いトピックをカバーしている。

数理ファイナンス入門 ―離散時間モデル―

S. R. Pliska 著／木島正明監訳
東京海上火災保険財務企画部
運用企画グループ訳
菊判・310頁・本体5,700円

証券価格に関する離散時間モデルだけに焦点を当てれば、高等数学に莫大な労力を費やすことなく入門を果たすことができる。本書はこのような入門編の学習に供することを目的に書かれた現代金融論の分り易い入門書。

コーポレートファイナンス入門 ―企業価値向上の仕組み―

野間幹晴・本多俊毅著
A5判・192頁・本体2,400円

MBAプログラムに在籍する学生のみならず、就職前の学部学生や、M&Aなど最近の社会情勢の変化に興味をもつ社会人までを対象に、直近の日本のデータを積極的に紹介しながら、コーポレートファイナンス理論における「企業価値」とは何かについてやさしく丁寧に解説。

※税別価格※
(価格は変更される場合がございます)

共立出版

≪URL≫
http://www.kyoritsu-pub.co.jp/